名古屋で見かける聞き屋の謎

ディーン・カワウソ（水野怜恩）

はじめに

本書を手にとっていただきありがとうございます。

僕が、聞き屋というものを知ったのは、飲食店のカウンター席に座っていた、隣の席のお客さんが聞き屋をやっていたからでした。

そのおよそ二カ月後の二〇十七年の六月二十四日に、僕が住んでいる愛知県名古屋市の中心部である名駅（＝名古屋駅　名古屋近辺に住んでいる人は名古屋駅、もしくはその周辺の地名のことを名駅という）近くの路上で聞き屋ということを始めました。

それから三年近く経ち、二〇二〇年四月現在までに名駅近くの路上の大体いつも同じ場所で三百回以上聞き屋を開催して千六百組以上の方達のお話を聞いてきました。

特に最近ではほぼ毎日のように聞き屋を開催しています。

話を聞く上手さ、人気、活動期間、話を聞いた人の数、どれをとってもまだまだで、大したことはないと思います。ですが、これほど毎日のように、しかも無料で活動している路上聞き屋は他にいないのではないかとも思っています。その点だけを見たら僕は日本一の聞き屋であるように思います。（僕のわかる範囲での結論です。違っていたらすみません。）

話を聞くというと一方的に聞こえてしまいますが、来てくださった方だけが話をするだけではなく、僕から話すこともあるし、来てくださった方が僕の意見やアドバイス、解決策などを求めてくる場合もあります。なので、聞き屋だから話を聞くというよりも、来てくださった方とお話した、会話した、コミュニケーションをとった・・・などという言い方をした方が正しいのかもしれません。

たまたま出版社の社長さんとご縁があったことや、「聞き屋について本を書いてみたら？」

と以前から他の人にも言っていただいていたこともありました。

本は漫画しか読まないし、文章を書くなんて面倒臭いと思いながらも、人からそのように言ってもらえたことは自分のやってきた活動を評価してもらえたようで嬉しくて、単純な僕はとりあえず聞き屋についてのことや僕が見たこと、聞いたこと、体験したこと、思ったこと、感じたこと、やってきたことなどなどを文章としてしたためました。

この本を通じて、聞き屋というものがより広く世の中に浸透し、理解され、応援してくださる人が増えたり、利用者が増えたり、聞き屋をやりやすい環境が整っていったり、聞き屋を目指す者が増えたり、僕自身も聞き屋として人気がさらに増して、より多くの人が足を運んでくれればという思いで書かせていただきました。

本の一冊でそこまで大きな変化はないかもしれませんが、是非、聞き屋に少しでも興味を持ってもらえれば幸いです。そして興味を持っていただけたなら聞き屋や僕のことを他の誰かにも宣伝などしていただければもっと幸いです。(笑)

いきなり、あとがきみたいな締っぽい文章になってしまいましたが、とりあえず聞き屋や僕ことディーン・カワウソのことを知っていただかないことには始まらないので、早速お読みください！

令和二年四月　ディーン・カワウソこと水野怜恩

名古屋で見かける聞き屋の謎

目次

第1章　聞き屋の基本の「キ」

第2章　路上聞き屋ディーン・カワウソの場合

第3章　聞き屋をやってみました

第4章　聞き屋の壁

第5章　聞き屋の深~い話

第1章
聞き屋の基本の「キ」

聞き屋を利用した人、聞き屋をやったことがある人の体験談・感想

第1章は聞き屋の基本についてお話していきますが、最初にわかりやすいよう、僕が開催した聞き屋を利用してくれた人、僕と一緒に聞き屋をやった事がある人の体験談、感想などを載せたいと思います。

僕以外の視点から見た、聞き屋というものを読んでいただけたらと思います。

ペンネーム：もやいこ（20代女性）

初めて聞き屋さんに顔を出したのは二〇一九年の秋頃でした。友達のストリートライブを聞きによく名古屋駅に通っていました。その時いつも目に入ったのが「聞き屋」と書かれた看板でした。「聞き屋ってなんだろう。何をしてる人なんだろう。変な人だな。なんで人の話を聞く活動をしているんだろう。」毎回見慣れない看板に抵抗がありながらも、かなりの関心を引いていました。ただ、かなり興味があったものの自分から行く

勇気はなく、最終的に聞き屋に興味を持った友達について行ったのが初めての聞き屋です。聞き屋のディーンさんはオープンな雰囲気で、案外「普通」の人でした。その時、聞き屋に対する不信感がなくなって、その後気軽に聞き屋に足を運ぶようになりました。聞き屋で話す内容は大体ディーンさんに対する質問で、どうして聞き屋をやっているのか、普段は何をしているのか、どんな人の話を聞いてきたか、私の話を聞いてもらう事より、聞き屋やディーンさんのことを知る事が聞き屋に行く目的となっていました。聞き屋に興味を持ったのは、私自身も、聞く事が好きな人間だからでした。話すことが苦手な自分にとって、「話す」ではなく「聞く」で新しい繋がりを作っているこの活動に魅了を感じました。ディーンさんとお話をしている間にも、聞き屋のお客さんがいらして一緒に聞き屋を経験する機会がありました。私にとって初めてのお客さんでしたが、悩みをただ共感して聞いている内に、自然とその人を応援したいと思うようになりました。名古屋駅で後日その方を見かけたときは、声をかけるほどの距離となっていました。聞く事で友達って作れるんだなーって思いました。

そんな風に、聞き屋の体験をしている時、ふと自分がオーストラリアで留学していた時のことを思い出しました。留学時のステイ先のファミリーはクリスチャンで、常に人に施すことが彼らの生き方として生活に浸透していました。彼らの活動の1つにコミュニティ・ミールという活動がありました。これは週に1回、街の中のレストランを借りて、料理をし、人を招いて一緒に食事をするという活動です。コミュニティ・ミールには障害者の方や、経済的に困難な生活をしてる方、年配の方、など特別な理由を抱えた人々を招きます。提供する食事はもちろん無料です。

この活動を通してホストマザーが言った言葉が今でも心に残っています。

「誰も自分の話を聞いて欲しくないと思う人はいないでしょ。ここに来る人の1番の目的は食事かもしれない。でも彼らにとって本当に必要なのは、一緒に食事をして会話を楽しむことなのよ。」

食事は人のお腹を満たすことができても、心を満たすことはできません。でも人との会話を楽しむことは、幸福感という形で人の心の空間を満たすことができると思います。

私自身当時英語が上手く話せたわけではないし、話せたとしても人と話すことが得意なわけでもありませんでしたが、そんな私でもそこで会う人たちの話を聞くことはできます。そういった点で何もできない自分でも、彼らに話を聞くことで何か彼らの助けになれたのかもしれません。

このコミュニティ・ミールで感じた感覚と聞き屋での経験はとても似てるなと感じました。見知らぬ人にならば、自分と関係があまりない人にだからこそ、気軽に話せるような話があって、それをどこかで聞いてもらいたいと思ってる人がいる。そんな話をする場所を聞き屋は設けてくれているんだなと思いました。

何より私自身聞き屋を通して、ディーンさんと出会い、新しい繋がりができました。「話す」が上手くできなくても、「聞く」で友達が作れるんだなってことが発見できてとても嬉しいです。ディーンさんありがとう。

ペンネーム：ゆうちゃん（３０代男性）

私が、『聞き屋』を知ったのは、二〇一八年六月の夜、名古屋駅笹島周辺（おもてなし花だん）でした。

最初に聞き屋の手作り看板を見かけた時は、「聞き屋って何だろう？今時、無料で話を聞いてくれる場所なんてあるのかなぁ。でも無料と書いてあるし、お兄さんも優しそうな雰囲気だし一度声をかけてみようかなぁ。」

と思い勇気を出して声をかけてみた事が、私が聞き屋を利用したきっかけでした。

私が、声をかけてみると聞き屋のお兄さんはとても優しくて、初対面の私の話にちゃんと耳を傾けてくれました。

職業柄、基本的に独りで過ごすことが多く、話し相手も殆どいない私には、たとえ、短い時間でも話を聞いてもらえた事がすごく嬉しかった事を、今でもよく覚えています。

それからしばらくの間、週2回程のペースで通わせていただきました。何度も通わせて頂くうちに、私は聞き屋のお兄さんに対して、こう思うようになりました。

「何でもビジネスにして有料化するこの世の中に、何故他人の自慢話や悩み・愚痴等を無料で聞くことが出来るのだろう。素晴らしい人だなぁ。なんと心の広い人だ」

と思いました。

そして私は次第にお兄さんに対する応援の気持ちが強くなり

「ずっと聞き屋としての活動を継続して欲しい」

「私にも何か協力出来る事はないだろうか？」

と考えるようになりました。

そう考えていたら今回、こうして執筆の依頼を頂いたので「私にも協力出来る事が見つかって良かった」と思い、非常に嬉しい気持ちになりました。


私は聞き屋を利用させて頂いた事で（お兄さんと知り合って）心境にも大きな変化がありました。今まで、他人の役に立った事もなければ、他人を尊敬した事がなく、「人は人。私は私」の考えを貫いてきたはずの私が、初めて「私も人の役に立つ人間になりたい」そして、「お兄さんのように優しい人間にならなければ」と、私にもやっと人を尊敬する気持ちになれた事、そして、尊敬したいと思える存在に出会えた事に今は非常に感謝しています。

これから『聞き屋』を利用してみたいと思っている方、是非迷わず利用してみてください。

人に、悩みや愚痴を話す事でスッキリしますし、もし何かで迷っていたら、人生のヒントが見つかるかもしれません。

私は、『聞き屋』を知り、お兄さんと話した中で「人生を楽しみたい」という気持ちになる事も出来ました。

これから『聞き屋』として活動してみたいと考えている方。話し相手を必要としている人や悩みを持っている方は、たくさんいると思います。そんな人達のためにも是非『聞き屋』を始めてみてください。

聞き屋の発展を私は願っています。

ペンネーム：未果子（１０代女性）

聞き屋に会う前、私は私のことが大嫌いだった。というのも、ネットで知り合った人に恋をし、その人の理想の女性となるべく無理なダイエットをして自分を追い込んだにも関わらず、理想の可愛い自分になれなかったからだ。こんな自分では彼に振り向いてもらえないと追い込んでどんどんネガティブな思考に陥るばかりだった。

そんなある日、名駅周辺の店で服を見た帰りにふと聞き屋という看板を持ったいかにも怪しい男性が座っていた。怖いし気持ち悪いと思い通り過ぎた。しかしなんとなく惹かれるものがあり、もう一度度彼のもとに戻った。なぜ惹かれたのかはわからない。しかしそれが聞き屋さんとの出会いだ。

彼に聞いたのは、パッと見、今の自分をどう思うかだった。友達に悩みを打ち明けられなかった事もあり、自分で自分の顔を評価するしかなかった私は、他人に自分の顔を評価してもらいたかったのだ。

そして私がそう聞いたら、彼は「お姉さんは他の人よりも綺麗だし、僕が好きな顔だよ。」と言ってくれた。単純に嬉しかったし、こいつは私にとってプラスな思考に変換してくれる人だとふと思った。それから私は聞き屋の沼にはまっていった。

冒頭でも言ったが、私は私のことが嫌いだ。それを克服するために始めたのがパパ活だ。

誰かに可愛いと言ってもらうことによって自信がつくのではないかと考えたからだ。ご飯を食べて1時間会話をする、それで五千円もらえるという仕事というか遊びのようなものだが、その事も誰にも言ってなかったのに、彼には全て話した。

私は一度友達にパパ活をしてる事を話したら絶交されたという過去があったので、話すのが怖かった。しかし彼は引かなかった。むしろ心配までしてくれた。
パパ活は自信をつけるためではあるが、始めたばかりの頃は慣れておらず、パパ活をする十分前くらいは不安で病んでいた。
だからパパ活をする前に聞き屋に寄ってからパパ活をしていた。

そんなパパ活をするある日、いつものようにパパ活する前に聞き屋に「パパ活してくる」と言ったら彼はパパにバレないように集合場所までついてきてくれた。大丈夫？とか頑張れなどの慰めの言葉をかけてくれた。そして「じゃあ終わったら来てね。」と言って別れた。別れた直後に私は彼がいて良かったと思った。

聞き屋さんは、私に、聞く以上のことをしてくれたと私は思う。なぜ無料で私のことを気にかけてくれるのかはわからない。ボランティア精神の塊なのか。しかも私の事だけでなく他の大勢の人の話も聞き屋は聞いている。何が楽しいのだろうか。そう考えながら不覚にも私は無意識にななちゃん人形前に座る怪しい人物に声をかけに行くのだろう。

（ななちゃん人形＝聞き屋ストリート（名鉄百貨店本店メンズ館前）にある名古屋で有名な高さが６ｍ程ある大きな人形）

ペンネーム：七草粥（２０代男性）

聞き屋と出会ったのは友達との飲み会の帰りでした。

前々から聞き屋は目にしていましたが、行こうとは思わず、名古屋という街の風景の一部に過ぎませんでした。

その日はいい感じに酔いが回っていた為、たまたまその場で目に付いた聞き屋に友達と行ってみようということになりました。

私は最初から聞いてもらう側ではなく、聞き屋の文字の書かれた看板を持って、道行く人に聞き屋を勧めていました。

初めは少し揶揄う気持ちもありましたが、初対面の自分たちにも優しくして頂き、そのときは聞き屋ではなく、ディーン・カワウソさんがどんな人なのか、少し興味を持ちました。

後日、改めて1人で聞き屋に足を運びました。相変わらず聞き屋はやっていました。近付いていくと、こちらを見て、すぐに前来てくれた学生だと気付いてくれました。そんな事が私は少し嬉しく、もう少しここに居ようと思い、ディーン・カワウソさんの横に、前回と同じ聞き屋の文字の書かれた看板を持って座りました。その日が、初めて本当の聞き屋の様子を見ることが出来た日でした。

聞き屋に来る人は、高校生～高齢者まで幅広い年齢の人が来て、自慢、恋愛相談、面白かった事、世間話などを話して行きました。その様子を見ていて楽しかったので頻繁に聞き屋に足を運ぶようになりました。

聞き屋を一緒にしていると、何故来る人たちがこんなに楽しそうに話をしていくのかが分かってきました。ディーン・カワウソさんの会話の仕方は、会話だと大事だとよく言われている会話のキャッチボールではなく、聞き屋の文字の通り、自分からはあまり話さず相手の言葉を大事に摘み取っている感じがしました。なので、聞き屋に来る人たちは、何の遮りもなく自分の話を気持ちよくしていけるのかと思いました。
それと、ディーン・カワウソさんはすごく相手の事を褒めます。さりげなく上手に褒めるんです。

何日かすると、聞き屋の看板を持って、ディーン・カワウソさんの隣に座る私にも、相談などをしてくれる人たちが出てきました。もともと、人と話す事は私自身好きだったので、凄く楽しく、更に相談事をした人が帰っていく時に、スッキリしたと少しでも言ってくれた時には、凄く嬉しかったです。

聞き屋をしていると、人との出会いというものをすごく大切にできるようになります。なぜなら、聞き屋の出会いが一期一会も少なくありません。でも、聞き屋でその瞬間会話をしたことは事実です。
聞き屋をしていると、街中で知らない人と話すので、全く私の人生に関わりのないはずだった人が、聞き屋を通して私の人生に関わりを持つようになります。そうすると、人生に新たな視点が加わります。そう考えると、とても面白く、なぜか感動しました。
このように、聞き屋というのは、とても面白くて、勉強になると思います。

ペンネーム：CO．2N（20代男性）

ディーン・カワウソ氏、ひいては聞き屋という存在を知ったのは二〇一九年の七月頃、名古屋に泊まりで遊びに行った時の話です。その頃は名古屋まで一時間かけて往復してゲーセンまで遊びに行って、夜は帰る時間も電車代も勿体ないからとネカフェに泊まり、翌朝もゲーセンに行ってみたいな慌ただしい休日を送っていた時期なんですけど、そんな時に通称「聞き屋ストリート」と呼ばれる場所で座り込んでいる聞き屋を見つけたんです。
最初の印象としては「何やってんだこの人」ですよね。それで面白い人間がいるもんだと思い喋ってみたら、思いの外楽しく話せたので九月末に名古屋を去るまで通っていました。

聞き屋ってのは不思議な生業です。

大体「話を聞きます、お代はタダで良いです」って一体何をしたいんだと思うでしょう。でも人間はもっと不思議で、自分の話をただただ聞いてくれるだけでもとても楽しいんですよね。

全く見ず知らずの人に話が出来るメリットとして、ネット上にも現実の友人にも喋りづらい話をしやすいという事があります。かつてのインターネットはそういう込み入った話題でも好きに喋れる様な場所があったりした物ですが、現代は迂闊にネット上に悩みを書き込むと思わぬ所から自分の本音が知人に漏れ伝わってしまう可能性がありま す。

その点、聞き屋の様な全く関係ない人に相談するのは、知人などにバレずに大事な話をしやすいという良さがあるのではないでしょうか(もちろん信頼出来そうな人を選ぶ必要がありますし、あまりにも重大すぎる話だと手に負えない可能性があるのでスケールは小さめの方が良いのですが)。

もちろんそんな話だけではなく愚痴を話したり、世間話をする事も出来ます。

二つ目のメリットとして、ほんの少し空いた時間にお喋りする相手が出来るというのもとても大きい。本当に些細な話でも気がつけば全く別の場所に話が飛び、新しいアイデアを得られるかもしれません。

個人的に聞き屋で喋っていて一番人生に影響を及ぼしたのは、聞き屋での話ではなく、話している最中に突然道を聞くべく現れたお姉様方との会話だと思います。八月後半頃、聞き屋さんと喋っていたら、突然ハンディファンを首にかけてタピオカミルクティーを啜る本当に今時のお姉様方が現れたんですよ。自分はおたくなので、普段絶対に関わる事の無い世界の人種です。

「欲しいものは買う！　やりたいことはやる！　適当に生きる！　それで生きてます！」

お姉様方が去り際に言ったこの言葉が自分は今でもすごく心に残っているんですよね。もちろんこうすると後になって困るのかもしれないけども、当時の自分はこれからの事ばかり考えていて、今どうしたいかという事が全く眼中から外れていた事を思い知らされました。もっと素直に正直に生きて良いのだと救われた思いがしたし、気を張り詰めすぎてもしょうがないなと考えられたんです。

聞き屋最大の魅力とはここで、聞き屋と会話する事を通じて普段、関われない人と関われるんです。

他にも毎週の様に東京から仙台や名古屋へ新幹線を使って見たい物を見に行っている男性の方や、ちょうど自分と同じように現在の仕事がイヤになり次の仕事を探している女性の方と喋った事もあります。普段喋らない人と喋るのは楽しい物ですよ。

副業がブームになりつつある昨今、実は聞き屋というのは最大のブルーオーシャンかもしれません。一見タダで話を聞き自分も話すというだけでは金の行き来は発生しませんし、時間の無駄に見えます。

ですが、実は様々な人間から雑多なナマの情報という資産を得られる職業というのは案外とこの世には少ないのではないでしょうか。無料で道行く人の情報を集めて、その集めた情報や他愛ない会話からアイデアを生み出して本職に活かす。これぞ理想の副業であり、本職の稼ぎを最大化する一要素としての副業という意味ではこれほど合理的な循環を築ける職業というのは他にありません。

聞き屋側は情報という現代社会を生き抜く道具をタダで手に入れられて、話を聞いてもらう側はタダで時間を潰しつつ新しい着想のヒントを得られる。この職は現代におけるウィンウィンの関係の理想型と言えるかもしれませんね。

興味があるならまずはお近くの聞き屋とお話してみてはいかがでしょうか。そして自分もやりたくなったら、駅前のベンチなどやりやすい所から始めてみると良いでしょう。

私も全く新しい聞き屋さんとお話出来る日を楽しみにしています。

ペンネーム：さとみ（１０代女性）

私はもともと聞き屋さんの客として訪れていたが、客として訪れる回数が増えるたびに私もやりたいという気持ちが大きくなった。

その気持ちを早速聞き屋さんに聞いてもらったとき、「じゃあやってみる?ちょうどトイレ行きたかったし。」と言われてぼろい看板を渡されて聞き屋さんはトイレへ行ってしまった。それが私の初めての聞き屋だった。

やってみると、とにかく恥ずかしいという気持ちが大きかった。知り合いに見られたらどうしよう、みんなめっちゃ見てくるなぁ、怖い・・・いろんな思いがあった。聞き屋さんがトイレから帰ってくるまでとても長く感じたし、とにかく聞き屋さんのメンタルは強いなぁと感心した。

私は１人で聞き屋をするメンタルはまだ備えていないと感じたので、聞き屋さんと一緒に横に並んで聞き屋をする事にした。２０分ほど一緒にお客さんを待っていたら２０代の男性がやってきた。

最近ナンパを始めた男性らしく、女性からはどんな男性が好かれるのかを教えて欲しいと言われた。そこで私は、聞き屋さんは男性だけど、女性側からの意見を言うことができるこの２人の体制はいいのではないかと考えたのちに、私の意見を述べて男性は満足して帰っていった。

右記のように聞き屋を体験して、聞き屋をしなければ一生関わらなかったであろうと思う人と関わって話すことができた。女子高校生、サラリーマン、高齢者など幅広い年齢層の、多くの人と聞き屋をすることで楽しい時間を過ごすことができた。また同じ恋愛というくくりの話でも、人によって考え方や価値観が違って、前のお客さんと同じだ！なんてことはなかった。私にとってそのことがとても刺激になった。私は自分の意見に固執して自分とは違う考え方や意見を持つ人に対して聞く耳を持たなかったが、聞き屋をすることでいろんな考えに触れて、こういう考え方もあるのかと柔軟に物事を捉えることができるようになった。聞き屋を体験することによって自分を変えることができた。1人で聞き屋をするメンタルが備わる日も遠くはないと感じている。

自分を変えてみたいと思ってる人には、是非、聞き屋をやってみることをオススメしたい。

ペンネーム：近江建統（20代男性）

自分は誰かの役に立つことができているのだろうか。

そんな悩みが大学に入学した頃から頭の中にあった。今までの人生、自分は様々な人に助けられてきた。辛いときや苦しいとき、悩んでいるとき、どんなときにも周りの人間はいつも自分を支えてくれた。助けられて、人からもらうばかりではなく、自分も誰かの役に立ち、何かを与える側になりたい。そんなことを考えていたときに、たまたまツイッターで見つけたのが聞き屋だった。

直感だった。なぜだかわからないが、そこに何かがあると感じ、すぐにツイッターでコンタクトをとると、ありがたいことに実際に隣で聞き屋をさせてもらうことになった。たまたま通りかかった、見ず知らずの相手の話を、相手のことを考えながら、相手のために聞く。最初はなんだか不思議な感じだった。

実際にしばらくの間、聞き屋としての活動をしていくと、話を聞くという単純な行為でも誰かの役に立てるのだと実感した。

ただ話を聞く。それだけで話をした人の気持ちがスッキリしたり、新たな視点や考えを見つけたりすることができる。自分の事を話すことで、また次の日からも、スッキリした気持ちや発見した考えなどを活かしながら、仕事や勉強など、様々な活動が行える。話を聞くだけで一人の人間に何らかのプラスの影響を与えているのだと感じた。プラスの影響を与えられた人間が、自らの活動で社会にプラスの影響を与え、その結果、よりよい方向に社会が進んでいくようになる。話を聞くという、単純でだれにでもできる行為で、確実に社会全体に良い変化が起こっていくのだ。

話を聞くことはだれにでもできる。そのだれにでもできる行為が意外にも非常に大きな力を持っているのだ。

自分は誰かの役に立つことができるのか、と不安に思っている人もいるかもしれない。そんなひとは気軽に人の話を聞いてみて欲しい。話を聞くという単純な行為でも相手の何らかの力になることができる。

また、なにか自分の中でとどめている思いがある人も気軽に話してみて欲しい。外に出すことで得られる気付きや、気持ちがスッキリすることもある。

身近な人には話せない、全く関係の無い人間に話を聞いて欲しいと思ったら、是非聞き屋に話をしに来てください。あなたに真剣に向き合い、あなたのことを考えながら、話を聞きます。

お代は一切頂きません。自慢・悩み・世間話・愚痴・相談・暇つぶし。何でもお待ちしております。

いかがでしょうか。聞き屋というものに興味を持って頂けたらすごく嬉しいです。それでは私が考える聞き屋についてお話ししていこうと思います。

聞き屋というワード

聞き屋という言葉をご存知でしょうか?

あまり聞き慣れない言葉かもしれません。知らなくても恥ずかしがったり、己の無知を嘆く必要はありません。大丈夫です。あのウィキペディアにだって聞き屋についての説明は書かれていないのですから。

僕も聞き屋というものを知ったのは、僕自身が聞き屋を始める二カ月くらい前のことでした。

聞き屋と同じ活動、同じような意味を指す言葉は他にもあって、聴き屋、愚痴聞き屋、お話し聞き屋、傾聴サービス・・・といったような他の言い方をされている人もいます。

聞き屋という言葉はそれらと同じ意味を持つ言葉の中で、たまたま初めて僕が知った言葉であり、活動するにあたって使用しているだけです。聞き屋という言葉が正式で相応しいとか他の同じ意味を持つ言葉が間違いとかではないのですが、本書では聞き屋という表記で統一したいと思います。

聞き屋って何？

聞き屋とは文字通り聞くお仕事（？）です。お仕事とは限りませんが、とにかく聞くんです！人と話したい人がいれば、その人の話を聞きます。世の中には話したくても話す相手がいない人、話す相手がいてもその話し相手に会う前に少しでも早く誰かに話したい！という人もいたり、知っている人には話しづらいことだってあるし、話したい内容を知っている人にバレてはいけないことだってあるんです。

そんな人達の為に聞き屋はあるのです。相手の話を聞いてあげて、話をしてくれた相手をときには落ち着かせ、ときには楽しませ、共感したり、笑いあったり、ただひたすららに聞いてあげたり、ときには言葉をかけてあげたり。

ザックリ言ってしまうとこんな感じです。聞き屋はこれをしなければいけない！とかこういうことはしてはいけない！というマニュアルや正攻法なんてものはないはずです。

なぜなら、人の個性は人それぞれだし、話の内容もその時々で違うからです。話をしてくれた人が少しでも話して良かったと思ってもらえたのなら、きっとそれが正解です。聞き屋として話を聞く中で一番重要なこと、それは親身になって話をしてくれる人の話を聞くことです！

親身になって話を聞く姿勢やその心構えこそが、相手にも伝わりきっと満足してくれるはずです！

どんな話を聞くの？

愚痴や悩みや相談や趣味や自慢や恋愛に勉強に学校のこと、仕事のこと・・・とにかく色んな話を聞きます。

聞き屋の中には愚痴やお悩み相談専用といった形で聞く内容を限定している場合もあるかもしれませんが、僕の場合はとりあえず何でも聞いちゃいます！

お客さんの話したい話、ただそれこそが聞き屋の聞く話だと思っています。

聞き屋の役目

ただ聞くだけなのですが、相槌を打ったりとかして相手に僕がちゃんと話を聞いていますよーってわかるように聞いています。まずは、話しやすい環境作りだと思います。
悩みや相談の場合だと、意見とかアドバイスくれるんですか？とよく質問されるのですが、僕の場合は得意ではないけど求められれば、応えます。でも、僕のアドバイスや意見なんて全くアテにならないですよ（苦笑）
僕はそんなに人生経験があったり、知識が豊富だったりするわけではないです。
聞き屋の目的とはその人の悩みや問題を解決させることではないのです。

聞き屋って医者や弁護士でなければカウンセラーやアドバイザーでもなくて、何とも言えない立ち位置だと思います。その人の親、友達、知人などの関係者でもなければ、話の中に出てくる当事者でもないし、悩みや問題を解決する為に何かするわけではないのに話を聞くのです。

もし、専門資格を持っている人であればそれなりの対応をしてもいいのかもしれません。でもそれは本来ならば身体の調子のことだったら病院に行くべきだし、パワハラのことだったら会社の相談窓口とか法律の相談所だったり、友達や恋人のこととかだったら当事者間同士の話し合いであったりとか、専門機関や然るべき人に報告なり、相談なり、連絡なりをしたり、自分自身で解決するべきことのはずです。

それでは聞き屋なんて必要ないではないか？聞き屋なんか何の役に立つんだ？と思われてしまうかもしれませんが、それもまた違って問題解決は出来ないですが、たとえ一瞬でも話をしてくれている間だけでもその人の不安を和らげることが出来ればいいと思っています。

アニマルセラピーというものをご存知でしょうか？動物と触れ合うことでストレスを

軽減させる効果や自信を持たせたりする効果があるのだとか。

確かにこれって動物を好きな人ならなんとなくわかりますよね？犬ちゃん、猫ちゃん、鳥でもモルモットでもカワウソでも・・・可愛い動物や好きな動物って見ていているだけでも癒されませんか？

実際に触ったり、撫でたり、可愛い鳴き声で鳴きながら甘えてきたときなんかは、それはもう最高の癒しの瞬間じゃないでしょうか？可愛いは正義です！

僕たち聞き屋がするべきことはこれに近いことだと思うのです。

まるで動物のようにあざとく可愛く接して人々を癒す・・・のではなくて、我々は他の動物とは違うけれども人間同士意思疎通ができるので動物とは違った方法で癒すのです。よく一人で寂しいときとかに人の温もりが欲しいって言いますよね？

確かにハグもストレス軽減の効果があると思います。

このハグという直接抱擁しあう行為は動物と直接触れ合うアニマルセラピーに近いのかもしれません。

フリーハグというものが昔から存在しているのはそんな理由があってのことなのかもしれません。

聞き屋はそんなフリーハグとは別のアプローチで人々を癒すのです。ハグはしないけど、側に居て親身になって包み込むように話を聞くのです。

親身になって包みこむように相手の話を聞いて、理解して、共感する。

こうやって書いてあると、なんだか話を聞くだけで心がハグされるような気がしませんか？

触れるという肉体的で原始的なアニマルセラピーやハグといったものから進化した、意思疎通ができる人間ならではの聞くという精神的行為が人のストレスを癒したり、自信を持たせたりするヒューマンセラピーだと思うのです。

細かい理屈は置いておいて、嫌なことでも嬉しいことでもどんなことでも、友達や彼氏彼女、お父さんお母さん、先生でも誰でもいいのでとにかく誰かに話したいことを話してスッキリしたという経験をお持ちの方ならなんとなく理解していただけると思います。

ただ相手の話したいことを話してもらう。その話に点数をつけるわけでもなければ、問題解決したりするわけでもないけど、聞くという行為により相手を癒す。

それが聞き屋の役目だと思います。

聞き屋の種類

聞き屋にも色々種類があります。

では、実際、現在何種類くらいの聞き屋が存在しているのか？それはわかりません。なぜなら分け方によって何種類にもなってしまうし、作ろうと思えばいくらでも新しい種類の聞き屋が出来てしまうからです。

例えば、対面方式で直接会って話を聞く聞き屋もいれば、電話やスカイプ、チャットなど通信手段を使って直接会わずに話を聞く聞き屋、メールやＤＭ（ダイレクトメッセージ）などで文字のみで聞く（聞くというよりは読むだけど、文字を通じて心の声を聞いているからこれでいいのです。）人、最近ではアプリなどの配信を使ってリスナーの話を聞くというような人もいるとかいないとか。話を聞くという手段だけでもまずはこれだけあります。

聞く場所としては路上で聞いたり、飲食店で聞いたり、施設の中でブースを開いて・・なんてことも出来たりするし、通信手段を使えば家の中だって、どこだって聞き屋の適した場所になると思います。

世の中に聞き屋は何人もいますが、それぞれがこの場所なら落ち着いて聞けそうとか、話したい人の希望があればどこにだって行って聞くという人もいると思うし、ここは人通りが多いから人がたくさん来そうだとか、ここなら通いやすくて続けられるとか、理由なんかなくてもこの場所でやりたい！と、それぞれが事情や環境にあわせて適した場所でやっているのではないでしょうか。

その他にも１人でやる人もいれば、友達と２人以上のグループを作ってやる場合もあるし、お金を取ったり、無料でやったり、趣味やボランティアでやっている人もいれば、お仕事や副業としてやってみたりする人もいたりします。

毎日無休でやる聞き屋もあれば、不定期でたまに活動する聞き屋だったり、話を聞くことに関係する資格を持っている人もいれば、なんの資格も持っていない人がいたり・・・と聞き屋の種類を細かく分けていったら、それはもうとんでもない種類の聞き屋があることになってしまいますよね。

聞く手段がｘ種類あって、聞き屋をやれる場所がｙとして有料か無料の２択で・・・式で表したら、ｘ×ｙ×２×・・・

なんて感じで聞き屋の種類を本気で細分化して考え出したら日本の人口すらこえてしまいそうな気配すらします。

実際にそこまで聞き屋の数はいないと思いますが、それだけ聞き屋というのは千差万別で、無限の可能性があって、自由でやる気さえあれば、誰にでもできてしまうものだと思っています。

もし、聞き屋をやりたい方がいましたら、ぜひ自分のお好きな、やりやすそうな種類の聞き屋を考えてから始めてみてください。

そして、僕の聞き屋の種類はというと、路上にて不定期に対面方式で行う基本的には無料で、たまに出張で違う場所で話を聞いて、お話聞く以外にも他のこととかもやっちゃうタイプの聞き屋です（笑）。

聞き屋に会うには？

もし、あなたが聞き屋に話を聞いて欲しくなったら、まず、聞き屋を探してみてください。インターネットやＳＮＳで検索すると見つけることが出来ると思います。

インターネット検索で聞き屋のホームページを探してみても上の方には上がっていない場合もあるので、下の方まで探してみてください。

ちなみに、ホームページ以外には聞き屋に関することが書かれたブログがあったりもするので、そういったものを読んでみることも聞き屋に興味を持つことに繋がるかもしれません。

しっかりとしたホームページを持っている聞き屋はお仕事として聞き屋をやっている場合が多いです。

つまり、話を聞く業者であり、有料です。出張サービスで話す場所を指定できたり、電話などの通信手段を使って全国どこでも利用できるサービスが多いように思います。

また、そういうところは個人情報的なものにも気を遣っているようにも思えます。

何より、個室を利用したり、電話なら他の人と鉢合わせたりすることがないので聞き屋を利用しているということがわからない利点があると思います。

厚生労働省や地方自治体のホームページなどを探すとこころや悩みに関する相談先と

して、社会福祉法人やＮＰＯ法人などが運営する無料の電話相談室がまとめられているページがあったりします。

相談内容によって電話先が違っていたりもします。

そういった公的なものも聞き屋とやっていることは同じはずですので利用してみるといいでしょう。

公的なものをお探しの場合ならインターネット検索で「地方自治体名　こころ　相談」などのワードで検索するのがお勧めです。

ＳＮＳではツイッターが見つかりやすいです。特に個人で活動している人や、路上で活動している聞き屋を見つけるにはインターネット検索よりもツイッターです。

路上以外にもＤＭ（ダイレクトメッセージ）で話を聞いたり、出張サービスをやっていたり、色んなタイプの聞き屋のアカウントが存在しています。

世の中には結構、聞き屋をしている人がいるんだなーと印象を受けたりします。

しかし、蓋を開けてみると活動休止中であったり、何カ月も更新がなかったり、１ヶ月通してもそんなに活動していないなぁと思うことがよくあります。

ですので、利用する前に一度確認のＤＭやリプライ（ツイッターの返信機能）などで問い合わせをしてみることをお勧めします。

路上で活動している聞き屋の場所まで直接行ってみたのに、誰もいなかったなんてことになったり、ＤＭやメールでいきなり話したいことを長文で送っても、返信がこなければちゃんと読んでくれているのかな？となってしまいストレス解消のために利用したのに余計ストレスを溜めこんでしまう可能性もあるので、少しでも不安に思うなら確認はした方がよいでしょう。

また、路上で活動している聞き屋というのは性質上、プライバシーが完全には保証されません。屋外でやっている以上、他の通行人に話をしている様子を見られる可能性は常にあるので覚悟しなければならないです。

ただ、路上聞き屋の場合、業者としてやっているわけではないので無料で話を聞いてくれる人が多いことや、話をしている相手の顔が見えた方が安心するという人にはそこが利点です。

インターネット、ＳＮＳ共に検索する場合には聞き屋だけではなく、聴き屋、愚痴聞き屋、お悩み相談、お話　聞きます、聞き屋　出張、傾聴、電話　相談など検索のワードを何パターンか試してみると更に色んな聞き屋が見つかるかと思います。
ちなみに、僕はといいますとホームページは持っていませんが、ツイッターをメインに宣伝や報告などをしていまして、インスタグラムにも写真の投稿などをしていますので、是非一度ご覧いただければと思います。

ツイッター　聞き屋　名古屋　ディーン・カワウソ　@kky_nagoya
インスタグラム　聞き屋　名古屋　@kky_nagoya

第2章
路上聞き屋
ディーン・カワウソの場合

前章までは聞き屋についてのガイダンスです。

ゲームのチュートリアルのようなものです。

ここまで読んでもまだまだ聞き屋に対する疑問があると思います。

実際に、聞き屋をやっていても色々質問を受けたりします。むしろ、路上で聞き屋なんてことをしている人は珍しいので、話したいことはないけど質問だけをしていく人も大勢います。

この章ではよくある質問を、あくまで僕の場合は。ということでお答えしていきたいと思います。

どうして聞き屋をやっているんですか？

「暇だからです！（笑）」

この一言に尽きます。

いつも路上ではこんな感じで答えるとほとんどの人は笑うか、呆れるか、ツッコミを入れるかのどれかです。

もちろん、どういうきっかけがあって聞き屋を始めたのか、どういう想いがあって聞き屋をやっているのか？ということを聞かれているのはわかっているのですが、自分のことを話し始めて長くなってしまうのもいけないと思って、手短に「暇だから。」と言ってしまいたくなります。

実際、暇だから聞き屋をやれているので間違ったことは言っていません。

お暇様、様なのです。

あと、僕は話をする方は苦手なので、聞き屋が必要以上に話をするのは聞き手としてどうなのか？ということ以上に説明の為に、長ったらしい口上を言いたくないという気持ちがあります。

ですが、せっかくの本、文章なので言わなくてもいいようなことまで、長々と書いていこうと思います。

僕は数年前、人生に迷っていました。今も十分迷走していますが、当時は悩みを抱え、苦しい思いをしながら迷っていたのです。

別に食べるものに困っているわけでもなければ、住む家が無いわけでもないし、いたって健康で、何なら遊ぶことも買い物もそれなりに出来るし、スマホのアプリゲームに課金だってしてしました。

衣食住に健康と趣味ができるくらいにはお金もあって何に悩んでいたのかというと、恋愛とか仕事です。

（僕がやっている聞き屋には若い人がよく来てくれて、どんな話が多いかというと、恋愛が一番多くて、その次は仕事といった感じです。絶対に僕みたいな人は世の中に、この日本にたくさんいると思います。）

学校を卒業して、就職したのはいいものの三年経つ前に辞めて、辞めてからはアルバイトをして、また、しばらくしてから正社員として就職したけど辞めて、再びバイトを始めて、さらにその次は契約社員をやって・・・。

という感じで、僕の履歴書の職歴欄は時が経つにつれてごちゃごちゃとした見にくいものになっていくのでした。一方、恋愛の履歴書はほとんど書くことが無く綺麗なままで、たまに上手くいった！と思うようなことがあってもほとんどの場合が長続きしなくて、試用期間で終わった恋を経歴として残しておいてもいいものなんだろうか？もし、ダメならそれこそ何にもないような悲惨な感じでした。


自分にはどんな仕事が向いてるんだろう？

どんな仕事なら長く続けられるだろう？

結婚はいつできるだろうか？

そもそも彼女すら出来ないんじゃないか？

僕を愛してくれる人は現れるのだろうか？

幸せになれるのだろうか？

生きてる価値はあるのだろうか？

こんなクソみたいな人生、生きてても無駄だ。

という感じで、根がマイナス人間の僕は漠然とした不安でマイナス思考の連鎖を無限ループして、心は荒んでいました。


そんなときに手を出してしまったのが占いです。

占う方ではありません。占ってもらう方です。自分で占いをして自分で運命を切り開いていけたらよかったのですが、僕はそんな決断力もなければ、占うこと自体が全くできません。

昔から占いとかノストラダムスの予言といったものが大好きで、細木数子さんの番組や江原啓之さんが出ていた番組、スピリチュアル大学生ＣＨＩＥちゃんの番組をよくテレビで観ていました。

なので、中には占いは信じられないから受けたくないとか、高い金を取られるんじゃないの？と、思う人もいるかもしれませんが、僕の場合は全く抵抗なく、むしろテレビで今まで見てきたような占いを自分も受けることができるんだ！という具合に、悩みがあるはずなのに、占いを受けるときだけは意気揚々と受けにいったものです。

最初は１０分１０００円くらいのお店に行って、２０分２０００円で占ってもらいました。

安いとは言えないけど、めちゃくちゃ高いわけでもなく、色んな意見やアドバイスをもらえて悪くないなと思ったものです。

何となくいいことを言ってもらえて気を良くした僕は同じお店に在籍している他の占い師のプロフィールを見て、次はこの先生とあの先生が気になるから受けてみようとか、この占術（占いの種類など・・・タロットや手相、生年月日で占うものなどたくさんの種類がある）が気になるから、これも受けてみたい！と早くも次の来店を心に決めて、週に何回も占いを受けに行くという占い生活が始まったのです。

ことあるごとに、ときには何に悩んでいるのかもわからないようなときにも占いのお店に行って、毎回２０～３０分くらい占ってもらっていました。

それが慣れていくうちに４０分～６０分というようなロングコースも利用するようになっていくのですが、同じお店に在籍している気になる先生の占いをほとんど受けたころには、他のお店や個人でやっている占い師のところにも行きはじめて、その頃は占い依存症でした。

そして、そんなときに思い浮かんだのが、これだけ占いが好きなら占いの店で働けばいいんだ！という事です。

占いは出来ないけど、単純に好きだし、裏方のスタッフとしてなら働けるんじゃないか?占い師が多くいる環境にいればきっと何かしらのアドバイスを貰えるし、人生のヒントが見つかって、自分の人生変われるんじゃないか?そう思いました。

早速、占い店のホームページを検索して採用の応募欄から応募したり、求人の募集が出ていなくても、電話で何件か問い合わせをしました。

そして、運よく名古屋にある占いのお店でスタッフとして働くことが出来たのです。

スタッフとして働き出してからは、怖い上司に鍛えられながらも、好きな占いに携わっていられることや、とりあえず働いているという安心感、恋愛は相変わらずダメでもその都度占い師の先生などに話しては前向きなことを言ってもらっていたので、以前ほど不安に思ったり、悩んだりすることなく日々を送っていました。

そんなある日のことです。

僕は用事で横浜に出かけていました。

用事が済んだ後に入った飲食店のカウンター席、僕の隣の席に座っていた一人の男性がいました。

Ｋさんという人物です。

僕が話しかけたのか、向こうが話しかけたのかは覚えていませんが、話上手な人でした。

なんと、そのＫさんは聞き屋というものを趣味でやっていると言うのです。

初めて聞いた「聞き屋」という言葉は、はじめは何のことかわかりませんでしたが、話を聞いていくうちに面白いことをやっているなぁと思いました。

そして、なぜだか自分でもその聞き屋というものをやってみたくなったので、「僕も名古屋で聞き屋やります！」と言って帰りました。

（聞き屋を始めてから、再びＫさんにお会いしたときに、僕のことを覚えているか、訊いたら「聞き屋をやりたい！」と言われることは山ほどあるらしく、全く覚えていないとのことでした。）

家に帰って、横浜で出会ったＫさんのツイッターで活動の様子を遡って見ていき、他にも聞き屋がいないか探しました。

聞き屋という名前ではないけど、同じような活動がテレビのニュースで放送されたらしく、その映像がユーチューブにあったりもしました。

聞き屋について調べれば調べるほど、素晴らしい活動だなぁと思い、自分もやってみたいという気持ちがさらに強くなっていきました。

僕は考えました。ボランティア活動なんかしたことがないのに、なぜ、無料でやっている聞き屋という活動をこんなに魅力的に感じて、自分もやってみたいと思えるのか？

それは占いにあると思いました。

占い師が相談者と向き合って話を聞く様子と、聞き屋が話しに来た人と向き合って話を聞く様子が全く同じだと思ったからです。

そして、占いに通いに通って、色んな占い師から色んな意見やアドバイスをもらったはずなのに、最後に仕事先として選んだのは自分がやってみたいと思ったことであって、占い師から言われたことを実はそれほど参考にしていなかったのでは？と、思うこともあったからです。

もちろん、自分の未来を知りたい、適性を知りたいという想いはあったのですが、言われたことに対して、自分が納得できないことは認めないし、受け入れない。そんなことも多々ありました。

それでも占いに通い続けたのは、自分の話を誰かに聞いて欲しかったから、誰かに共感して欲しかったから。

たとえ、いっときのことでも一人で悩む孤独から解放されたかったからではないか？ということを、聞き屋という活動を知ってから思うようになりました。

結局、どんなことでも最後は自分次第ではないかと思います。

占い師がこう言ったから、誰々にこうした方がいいと言われたからと、言われた通りにしてもほとんどの人は責任を取ってくれません。

人から言われたことよりも、自分の気持ちを大切にするべきです。

人から言われたからと、自分の意志とは正反対の道を選んで、上手くいけばいいですが、上手くいかずに本当は自分が進みたかった道に進めなかったことを後悔するのは自分です。

聞き屋はそういう点で、話を聞いて、その人がいいと思ったことをひたすら肯定して、共感するので、その人がいいと思っている事をそのまま後押しできるのではないかと思います。

もし、数年前のどうしようもないような不安に苛まれている自分が聞き屋を見かけていたら、聞き屋を利用していたか？それはわかりません。

でも、昔の自分と同じような人が聞き屋に話しにきてくれたら、直接助けてあげることは出来なくても、たとえ少しでも気持ちが楽になって帰ってもらいたい。そんな想いで聞き屋を始めました。

話したいことがないのですが、大丈夫ですか？

もちろん、大丈夫です！

話したいことがなくても、僕から話題を振ることもあるし、雑談でも暇つぶしでも道案内でも、しりとりや簡単なゲームなどをされていく人もいたりと、様々な用途でご利用いただいています。人と接することで孤独感が解消されたり、気分転換ができたりすると思います。

また、普段接することがない人と話をすることで、今までとは違ったものの見方、新しい考え方など、思わぬ発見に繋がるかもしれません。

お気に召さなければ、すぐ立ち去っていただいても大丈夫なので、気になったら是非一度足を運んでみてください。


どうしてそんな名前なんですか？


僕は「ディーン・カワウソ」という名前で聞き屋活動をやっています。

これが本名ではありません。

自分でこの聞き屋ネームを考えて付けました。

聞き屋を始める前からこの名前を考えていたわけではなく、聞き屋をやっていく中で、聞き屋用の名前があった方がいいと思い、考えました。

「ディーン」というのはディーン・フジオカさんから取りました。

こんな事を言ったら、ファンの人に怒られるかもしれませんが、その当時、僕は、「デイーン・フジオカさんに似ている。」と、言われた事があったからです。

1回や2回ではなく、何回も、何人の人からか言われたので、嬉しくて付けました。

(最近は、言われなくなりました。)

「カワウソ」というのは当時のブームです。

僕もカワウソが好きだったこともあるし、当時、ネットやツイッター内ではカワウソの動画やカワウソのキャラクターが人気でした。


ですので、その要領で今、新しい名前を付けるなら、最近、僕は、「要潤さんに似ている。」と、言われた事があったので、「要」もしくは「潤」。

そして、タピオカがブームなので「タピオカ」。

併せて「要タピオカ」もしくは「タピオカ潤」というような名前になることになります。でも、やっぱり「ディーン」という響きが好きなので、「ディーン・タピオカ」にするかもしれません。


それはさておき、聞き屋に来てくださったお客さんは、僕のことを「ディーンさん」、

「カワウソさん」、「聞き屋さん」、「聞き屋のお兄さん」、ときには、「カワウソ」と呼び捨てにしたり、僕の本名を知っている人が、本名をそのままフルネームで呼び捨てにする事もあります。

「ホストの名付け王」（自称）なる人が来てくれたときには、「白夜（びゃくや）※漢字はわからないので当て字）」という名も授かりました。

皆さん、僕の事を思い思いに、好きなように呼んでくれています。

あまり、侮辱的な言葉でなければ大丈夫なので、どうぞ、お好きなように呼んでください。

一人、大体どれくらいの時間、話されていかれますか？

短い人はすぐ帰るし、長い人は１時間以上、ときには２〜３時間いる人もいます。

話しにくるというよりは、聞き屋が気になって質問しに来るという人も多く、それこそ、「無料なの？」「へえ〜、凄いね。」と十秒も経たず、行ってしまわれる人もいます。

1時間くらいであれば、一人であれこれ、お話されて1時間くらい経っていたという
ことは、よくあります。

2～3時間いる人は一人で話をして何時間も経っていた。というよりは、他の色んな人と話すのが楽しくて、結構な時間お話されていく人が多いように思います。

というのも、基本は僕一人で聞き屋をやっていますが、ときには違う聞き屋と一緒に活動するときもあるし、他のお客さんとの相席という形で、グループトークみたいなものに発展する場合もあります。

人数が多ければ、その分話す話題は多くなるし、時間が経つごとにお客さんが増えたり、減ったりすれば、場の空気は常に新鮮なものになり、一対一で話すときよりも時間の経過が早く感じられることでしょう。

こういった自由な会話形態は、路上の聞き屋ならではのものだと思います。

知らない人がたくさんいる中に一人では入っていきにくいと思われる人も当然いると思いますが、そもそも聞き屋自体が知らない人なので、知らない人が少し増えただけで、それはそれで良い面もあるのです。

聞き屋に人が多く集まっていても尻込みせずに、是非、声をかけてもらいたいです。

ちなみに、僕は十分~十五分くらいお話を聞けば、割としっかり聞けたなぁと感じます。個人差はあると思いますが、あまりお時間がなくても、多めに十五分くらいをみておいてもらって、話をしていただけたなら、「人と話した。」という感覚を得られるかもしれません。

※写真説明　この写真では聞き屋の僕が一人と、全くはじめまして同士のお客さんが3組相席しています。本当は写真を撮ってくれている人がもう1名いて、合計4組の相席でした。

一日に何人くらいの話を聞くんですか？

少ないときは、一組とか二組とかで、週末などの多いときなんかは十組以上の方たちがお話をしにくることもあります。

平均したら一回、二〜四時間の開催で五〜六組といったところでしょうか。

天気だったり、温度だったり、時間、時期によっても変わってくると思います。

僕が名駅で聞き屋を開催している場所を、僕は勝手に聞き屋ストリートと名付けて呼んでいますが（正式名称不明）、聞き屋ストリートには地下につながる階段が何か所かあるのです。

寒い日や雨が降ったときなどには皆さんやはり、地下に潜られて行ってしまうので、通行量自体がいつもより少なくなってしまいます。

僕は真っ昼間に聞き屋をやったことはないのですが、昼間だと皆さん、会社でお仕事中だったり、学校でお勉強中という人が多いので中々行き辛いのではないでしょうか。

もし、昼間と夜の両方、路上で聞き屋をされたことがある人がいれば、実際のところ客足はどうなのか教えていただきたいところです。


お盆なども来てくれたお客さんが少なかったと記憶しています。

そういった時期には、県外から旅行で来た人の道案内だったり、夜行バスが出発するまでの暇潰しや、連休で名古屋に帰省した。というような普段とはまた別の種類のお客さんが来てくれたりするのですが、数的には圧倒的に少なかったです。

場所によっても違ってくると思います。

僕のホームグラウンドである名駅では、ゼロ組ということは今のところ一回もなく、誰かしらに声はかけてもらえています。

しかし、金山という場所でやったときにはゼロ組。

すなわち、誰にも話しかけられなかったこともあります。

もし、これから路上で聞き屋をやってみようという方、いましたら是非、相性の良い場所、時間帯などを見つけて開催されるといいでしょう。


本当にそんなに来るんですか？


はい。来ます。

一回平均五～六組という数字もこれまでに千六百組以上とお話したという数字もデタラメではありません。

一応、僕の中で数えていった数字です。

ただ、この数字は正確ではなくてカウントの仕方によっては大きく異なる場合があります。

例えば、「無料なんだ！」「また、時間あるときに来ます。」と、質問のみをされていくお客さんの場合、お客さんの本当に話したいことを聞けていないので、僕の場合はカウントしません。

ですが、聞き屋に関すること、僕の個人的なことも含めて、質問のみでも五分や十分もやり取りをしたら、それは立派なコミュニケーションでお客さんと会話をしたということになると思うので、カウントしています。

時間のみが、カウントの基準かと言われたら、それも違います。

場所を聞かれたときに「あのビルがそうです。」とわずか十秒経たないようなやり取りでも、人のお役に立てた。と思えれば、カウントしています。

また、過去に来たことがある人、複数回来てくれた人も重複して数えています。

一グループが三人も四人もいる場合には、話したい人だけでなく、付き添いで付いて来ただけで話さない人もいたりと、全員が話をしない場合もあります。

ですので、「何組来たか？」はある程度数えることが出来ても、「何人来たか？」「何人の話を聞いたか？」までは全くわかりません。

あくまで、僕独自の体感的・感覚的なカウント方法で数えています。カウントの仕方によっては、大きく異なるし、聞き屋を開催すれば一回でこれくらいのお客さんが来てくれるということを保証するものではありません。

心理学やカウンセラーの資格を持っているんですか？

僕の場合は、心理学やカウンセラーの勉強をしたこともなければ、資格も持っていません。

もちろん、世の中には、そういった事を勉強されていたり、資格をお持ちの人もいるでしょう。そういった資格や知識がある人の方が安心できそうと思うなら、僕よりもそういった人達に話をした方が良いでしょう。

聞き屋というのは心理療法など、治療や医療行為を目的するものとは違うし、何か相談されたとしても、その人の為にしてあげられることなんかはほとんどありません。

それこそ話を聞くことしかできないので、話をしてもらうことで気持ち的に楽になってもらえれば、会話を楽しんでもらえたら、くらいのものです。

資格や知識があればそういったことでも上手に話を聞いたり、勇気付けたり、もっと楽しませることができるのかもしれません。

しかし、僕はそういったことよりも相手の話を親身になって聞くという、その気持ちこそが一番大事だと思うのです。

知識だけ、上辺だけの言葉よりも、心のこもった態度や言葉の方がよっぽど大事なのではないかと思います。


何を重視するかは人それぞれだと思います。

僕の場合は、教科書通りの模範解答はできないです。ときには全く見当違いのことを言っていたり、とんでもない思い違いをしているかもしれません。

知識や表面的なもので隠せない分、僕個人の人間性が試されていると思うこともあります。ですが、僕の人間性なんていうものも、実際のところ全然大したものではありません。

ですので、大したものは何もない僕のところには是非、期待せずに、気軽に来ていただきたいと思います。

難関資格を持っている人や権威ある人には必要以上に期待したり、緊張してしまって、萎縮して話しにくいなんてことがあるかもしれません。

そういったことが何もないのが、僕の良いところだと思います。

毎日のように、夜な夜な聞き屋をやっているー。

ただそのくらいの情熱だけを持って皆さんをお待ちしております。

無料だし、聞き屋が本職ではないですよね？

僕は、学校を卒業した後、普通に就職して、辞めて、アルバイトをして、辞めて、また正社員で就職して、・・・といった感じに正社員や契約社員、アルバイトを転々としてきました。

その間に経理、飲食、接客、倉庫内での商品管理、配達、工場内での部品組み立てなど、色んな仕事・職種を経験してきました。

現在の身分は、ニートに近いようなフリーターといったところでしょうか。飲食店でたまにバイトをしています。


聞き屋を始めた当初は、占いのお店で働いていました。

基本、アルバイトという雇用形態で、契約社員の期間も半年くらいありました。

正社員として働いていたときよりも収入は少なくても、基本的に時間外労働をすることはないし、希望した休みももらえるので、何より占い関係のお仕事ということで、それ以前の会社よりは前向きに、そして、今よりはしっかり働いていました。

それでも、お店の営業時間が終わって、閉店作業を完了させ、退勤するのが、二〇時とか二十一時くらいの時間でした。

仕事が終わって、遅い時間から聞き屋を開催するということがダルかったということや、聞き屋をやることにまだまだ慣れておらず、路上で活動することにも抵抗があったのかもしれません。

今日は聞き屋をやろう！とある程度の覚悟を決めてからじゃないと中々開催できませ

んでした。

とにかく、聞き屋を開催するということが習慣づいていなかったので、それはもう今と比べるととんでもないほど開催頻度は少なかったです。

一〜二週間に一回程度の開催でした。ですので、その頃（二〇一八年三月くらい）まではよくいるフリーターとそんなにかわりないと思います。

僕は一身上の都合により、占いのお店を退職して、（辞めるつもりはなくて休業くらいのつもりでしたが、扱い的には退職になっていました。）広島県のとある地域に引っ越しをすることにしました。

広島に引っ越す時期（二〇一八年七月）が近くになるにつれて、名古屋で聞き屋を開催することが出来なくなるのが、勿体無いというか、寂しいというか、もっとしっかり活動しておけば良かった。と、思うようになりました。

そこから開催ペースが上がっていくわけです。

その頃には占いのお店の方も契約社員から再びバイトに戻っていて、時間の都合がつきやすくなったこともあり、天気の良い日はほぼ毎日に近いペースで怒涛のように聞き屋を開催して、広島に旅立ったのでした。

僕は、広島県の内陸部にある、とある町に引っ越しました。

広島市内までは車で約一時間半。名古屋の名駅周辺と比べてしまえば、とてつもなく田舎です。もし、ミュージシャンが路上ライブをやっているような土壌でもあれば、聞き屋をやろうとも思っていましたが、そんな場所はどこにもありません。

路上活動の定番である駅前なんかも、平成三十年豪雨（別称　西日本豪雨）の影響で、主要駅に発着する電車が全て運休している状態で活気は感じられませんでした。

僕という存在を、聞き屋という存在を知ってもらえそうな場所が見当たらず、もし、聞き屋をやったとしても人が来てくれるイメージが全く沸かず、広島では聞き屋をやりませんでした。

広島にいた期間、僕は近くの回転寿司のお店でバイトをしていました。

僕は基本、秘密主義で自分の事はあまり話さず、年齢も教えなければ、名古屋からわざわざ広島に来た目的も言わないままで、得体の知れない存在だったことでしょう。

そして、もともと人付き合いが上手ではなかったので、親しい友人が出来るということもなく、孤独の日々を過ごしていました。

それでも、バイトの休憩時間に同じく休憩時間が被った誰かと一緒にお寿司を食べたり、たまにバイトの仲間とファミレスで話をする機会があります。

地元の知り合いが居たり、買い物や遊んだりする事ができる施設が十分に揃っている名古屋ではそこまで有り難いとは思わないようなことでも、知り合いなんて誰もいない、遊べる施設などほとんどない広島県の見知らぬ土地では、同じバイトの誰かと食事する時間が何よりも楽しかったように思います。

そういったこともあって、僕は広島でも人と話すこと、人と接することの面白さや大切さを再認識しました。

聞き屋という活動は来てくれた人が話してスッキリしてもらう為だけではなく、聞く側の僕も人と話したり、接することで、僕自身が孤独感を解消したり、ストレスを発散しているということに気付かされました。

実際に、名古屋にいるときにも、嫌なことがあっても聞き屋をやって人と話をすれば、いつの間にか気分が晴れていたということはよくありました。

半分は来てくれた人の為であり、そして、もう半分は自分自身の為にやっていたんだなぁ。と、孤独で、特にやる事もない広島での日々が気付きを与えてくれたのでした。

名古屋に帰ったときには、それはもう広島では出来なかった分、存分に聞き屋をしてやろうと思ったものです。


そして、二〇一九年五月に名古屋に帰って来てからというもの、ほぼ毎日のように聞き屋をやっています。

バイト、正社員の両方で新しい仕事先を探しましたが、正社員だと場所や時間の関係で聞き屋をすることが制限されてしまう為、再び飲食店のアルバイトで働くことにしました。

バイト先でのシフトは朝・昼くらいから夕方までの時間のみで働いています。

お店が忙しくたって、人員が足りていなくたって、夜まで残って残業なんかをすることはありません。

もちろん、夜に聞き屋をする為です。

飲食店のアルバイトなんていうものは中々安定しないもので、お店の都合によって、労働時間が左右されます。

つまり、収入も左右されるわけですが・・・。

僕の働いているお店でも、入店早々、売り上げ的な問題でシフトが削られていくわけです。

僕自身は労働意欲旺盛にガッツリ働きたいわけではなく、ゆる〜く働きたくて、出勤日数を週に最大でも４日までと希望を出していたのですが、僕が「シフト削ってくれても全然いいですよ。何なら週０でもいいくらいです。」と、言ったこともあってか、週１日以下のシフトにまで落ち着いたこともありました。希望通り、誰よりもゆる〜く働けています。（笑）

そんな状況が僕だけではなく、お店で働くアルバイト全体で起きるわけです。

僕のようにゆる〜い人だけなら満足度の高い職場なのでしょうが、ガッツリ働いて、ガッツリ稼ぎたい人も多いわけです。

そういった人達は次第にお店を辞めていきます。

すると、いざ繁忙期が来て、忙しくなってくると、今度は人が足りないからシフトに入って欲しいと言われるわけです。

特に年末が近づいてくると飲食店が忙しいのは容易に想像がつくのではないでしょうか。

僕のところにも毎週のように、「この日は出勤できないか？」という電話がかかってくるようになりました。

以前は、ご要望に応じて出勤することも多かったですが、本を出版することが決まってからというもの、執筆を理由にほぼ断っています。

執筆を理由に働くことを拒んだ、執筆ニートです。

苦手な文章を書いていくには、どれだけ時間があっても足りません。

少しでも集中できる環境をと思い年末年始で料金が高くなっている中、1日8時間ネットカフェに籠って作業をしています。

1日で三千文字書き進めることが出来たらマシな方です。

目標の八万文字を書き終えるのは、いつになることだろうか。と、いった感じです。

それでも、少しでも早く原稿を完成させて、少しでも早く世の中の多くの人に聞き屋という存在を知っていただけたら、利用していただけたら。という想いで奮闘しています。

もちろん、この本が出版されて、皆さんに読んでいただいている頃には執筆も終えています。その頃の僕はどうしているのか？ハッキリとはわかりませんが、きっと名古屋で聞き屋をやりながら、ゆる〜くバイトでもしているんじゃないかと思います。

お金はどうしているんですか？

無料で聞き屋をやっていたら金にならないじゃないか？と、よく言われます。

もちろん、そうです。

中には、「こんなことやってる場合じゃないだろ。働け！」なんて、いつ、その人に迷惑をかけたのかはわかりませんが、文句を言ってくる人さえもいます。

先にも書いた通り、現在は執筆ニートです。

それ以前の働き方もアルバイトとしてゆる〜い働き方だったので、収入的にはとても寂しい限りです。

では、「金銭的な面で大丈夫なのか？」と言われたら、当面は大丈夫なはずです。

とりあえず、今は貯金があります。

僕の祖父母はそこそこお金を持っていたのか、僕が子供の頃はよくお金を貰っていました。

お正月のお年玉はもちろん、誕生日、入学、夏休み、冬休み、クリスマス、進級、卒業、受験合格などなど、人生の様々なシーンでお金をいただいておりました。

それ以外にも、僕は中学校までは学校の成績が良かったので、努力の成果に応じて報酬があったり、部活動でも陸上競技部をやっていましたが、得意種目では毎回のように市大会優勝、県大会入賞というような成績を収めていたので、賞金が出たりしていました。このような、祖父母からの有り難い援助がありまして、学生生活が終わる頃には、アルバイトで稼いだお金も併せて、百万円くらいのタンス預金がありました。

就職して、一番最初の会社は実家から通っていました。

三年近く在籍していましたが、その間実家にお金を入れるということは一切していません。

ギャンブルや酒、タバコもやらないし、旅行にも行かない、服も買わない、お金がかかる趣味もなく、現在ある貯金のほとんどをこの時期に貯め込みました。

最初の会社を辞める少し前、ほんの気まぐれで、アパートを借りて一人暮らしを始めます。その頃が貯金額のピークでした。

最初の会社を辞めた時には、在籍三年未満ということで退職金はありませんでしたが、財形貯蓄という毎月の給料から会社が天引きして、貯蓄してくれる制度がありました。

退職と同時に解約となり、今まで貯蓄されていた分が一気に戻ってきました。

ボーナスが最低査定の評価額でしたが、一応もらえました。

辞める半年くらい前から、副業としてアルバイトもやっていて、退勤後や休みの日にまで働いて稼いでいました。

（ちなみに、僕は仕事や働くことがあまり好きではなく、働くにしてもゆる〜くしか働きたくありません。当時そこまでお金に困っていた訳でもないのに、なぜ副業までして働いていたのかというと、毎日会社と家の往復で、これといった趣味もなく、何かやりたい、始めたいと思い、アルバイトをすることにしました。そのと

きから既に相当血迷っていたみたいです笑）

学生時代のタンス預金と併せたら、五百〜六百万円くらい、ひょっとしたらもうちょっとあったかもしれませんが、それくらいはありました。

その後は、正社員として働くこともありましたが、アルバイトのときはゆる〜く働くので単純に収入が減りました。アパートの家賃であったり、食費などの生活費、時には、贅沢をして散財したり、占いというものに手を出したり、広島県に引っ越しをしたりと支出も昔より多くなっていきました。

何年という年月を経て、貯金額は着実に減っていき、現在はピーク時の3分の1〜半分くらいといったところでしょうか。

広島に行く前にはアパートを引き払い、名古屋に帰って来てからは実家暮らしに戻りました。

将来的なこと、今後どうしていこうかというのは、その時の気分次第で今はまだわかりません。

急に現実的なことを考えるようになって真面目に働きたいと思うようになるかもしれ

ません。

逆に今のようなゆる〜い生活を続けるなら、出来る限り節約を心掛けて、より長く聞き屋の活動を続けていきたいと思っています。

本当に無料でいいんですか？

はい。もちろんです。

路上では僕が始めたときから今現在までずっと無料でやってきました。

それは先にも書いた横浜の聞き屋Ｋさん、僕が聞き屋をやる上で彼を見本としています。

Ｋさんが無料でやっていたので、僕も無料で始めました。

ですので、Ｋさんが有料でやっていたのであれば、僕も有料でやっていたかもしれません。

無料でやっていても、時にはチップをくれる人もいます。

（チップをくれる人は稀で、１割以下です。チップをくれる以外ではお礼や差し入れとして、お茶やコーヒーなど飲み物を買ってきてくれる人もいます。）

始めた当初は、「無料じゃ悪いから。」と、お金を払ってくれるような人がいた場合でも、それはもうストイックなくらいに「無料だから。」と、お断りしていて、どうしても断り切れなくていただいてしまった場合は、聞き屋の経費として使わせてもらいました。

買ったものの内容と金額まで写したレシートの写真をツイッターに報告したり、いただいた金額をそのまま募金したりしていました。

しかし、あまりにも真面目にやりすぎて、お気持ちをいただくことを面倒くさいと思うようになってしまい、それではせっかくお金まで払って感謝を示してくれた人達に申し訳ないと思うし、ほんのたまにのことなので、今ではありがたくいただくようにしています。

そして、それは路上で話を聞く場合の話です。二〇十九年の夏頃から路上以外でも話を聞く、レンタル聞き屋というものを始めました。

レンタル聞き屋については実費などをいただいております。

レンタル聞き屋って何ですか？

路上以外の場所で話を聞かせてもらう、出張サービス的なことも始めました。

もし、路上で通行人に見られるのが恥ずかしいとか、暑い、寒いなどの理由で空調が効いたところでゆっくり話がしたいなど路上以外の希望の場所があれば、そこでお話を聞かせていただきます。


無料で聞き屋をやっていると、来てくれるお客さんや僕の周りの人は「絶対、お金取った方がいい。」「お金を貰ってやるべき。」と言う人が大勢います。

それとは逆に「無料でやっているので来た。」「タダでやっているところが素晴らしい。」と言う人もいます。

どちらも正しい意見で、尊重すべき意見だと思い、できれば両方とも取り入れたいと僕も悩みました。

すでにやっている名駅ではそのまま無料で、名駅以外の場所で聞き屋を開催するときには有料でやっていこうと考えたりもしました。

しかし、名駅という場所だから来てくれる顔なじみのようなお客さんが何人も出来ていたので、出来る限り名駅でやっていきたいなぁと思ったり、自分がいつも使っている看板に無料と思いっきりデカデカと書いてあるので、看板を新しく作ったりするのも面倒だなぁと思い実行できませんでした。

それでも、今まで受け取らなかったチップを一度でも受け取るようになったら欲も出てきてしまい、何とか違う方法で・・・と考えて思いついたのが出張サービスです。

僕が思いついたというよりはもともと業者さんなんかは当たり前のようにやっているし、ボランティアや趣味でされている人もやっている人はいたのですが、出張という形なら、路上で聞き屋をやりつつ希望者がいたらちょっと席を離れて違う場所でお話を聞く。

ということも出来るし、自分が夜に路上で聞き屋をやっている時間以外にも、暇な時間が多かったこともあって、都合さえつけば出張することができてデメリットがない、と思い取り入れました。

また、路上でお話を聞いているとき「会社を辞めたいけど、辞めることを言い出しにくい。」という話を聞きました。

これも退職代行サービスというものをされている業者さんがいますが、そういった業者さんに頼むと一回、何万円とかかることでしょう。

せっかくご縁があって話をしてくれた人なので、困っていることの中で、僕が出来ることで解決に近づけさせることができるなら、費用面でもなるべくその人に負担がかからないよう、お手伝いさせてもらおうという気持ちで、お話を聞く以外にも割と何でもやります！的なサービスへと昇華させました。

「聞き屋は問題解決することはしないんじゃなかったのか？」

と言われてしまいそうですが、もちろんそうです。

聞き屋として優先すべきことは話を聞くことです。

あくまで聞き屋とは別で、僕が勝手にやっている特別サービスでスペシャルオプションみたいなものです。

路上で聞き屋をやっていると、よく「○○○に行きたいけど、場所がわからないから教えてほしい。」と聞かれます。

何なら道を聞かれることが多すぎるので、看板にも道案内としっかり書きました。そうすれば道を聞いてもいいのか、ダメなのか、わからないまま遠慮しながら聞く人も減るでしょう。

これも聞き屋のすべきことの範疇を超えている気もしますが、それでもわかる場所なら教えるし、その場所まで連れていって案内することだってあります。

それは聞き屋の仕事、絶対的使命だからやっていることではなくて、僕が勝手にやっているだけのことなのです。逆に場所がわかっているのに、「今は聞き屋をやっていて、話をしてくれる人が来るのを待っている途中なので教えることが出来ないです。」なんてことを言ったら、流石に冷たすぎると思います。

それと同じことです。聞き屋をやりながら出来ることがあるならやればいいのです。

一応、有料ということにはしていますが、飲食店などで、お話を聞いた場合、飲食代などが発生します。

そういったレンタル聞き屋を利用するにあたって発生した費用、全額のお支払いをお願いしています。

しかし、実費を払ってもらって、さらに有料分を・・・とお願いしにくいところもあり、飲食代だけ奢ってもらう、実費しか貰わないこともあったりします。

拘束時間が長かったり、費用が発生しない場合はいくらか貰ったりして、料金に関してはもらったり、もらわなかったりと、今のところすごく曖昧な感じです。


レンタルなんもしない人とかプロ奢ラレヤーのパクリですか？


いいえ、違います。

まずは、知っている人は知っている。

けど、知らない人は全く知らない。

「レンタルなんもしない人」さんと「プロ奢ラレヤー」さんについて紹介していきたいと思います。

レンタルなんもしない人・・・二〇一八年六月三日にツイッターで、

『レンタルなんもしない人』というサービスを始めます。１人で入りにくい店、ゲームの人数あわせ、花見の場所とりなど、ただ1人分の人間の存在だけが必要なシーンでご利用ください。

国分寺駅からの交通費と飲食代だけかかればもらいます。ごく簡単な受け答え以外なんもできかねます。

という、ツイートとともに、自分自身を貸し出すサービスを始めた人物。

なんもしたくない、なんもしないのが自分には向いている。というのが理由で始められたようです。二〇十九年十二月現在でツイッターのフォロワー数が二十五万近くある。

ちなみに二〇一九年九月十六日に、

『レンタルなんもしない人』というサービスをしています。１人で入りにくい店、ゲームの人数あわせ、花見の場所とりなど、ただ1人分の人間の存在だけが必要なシーンでご利用ください。1万円と国分寺駅からの交通費と飲食代だけ（かかれば）もらいます。ごく簡単なうけこたえ以外なんもできかねます。

というツイートとともに、実費だけだったのが、実費＋利用料としての1万円がかかるようになったみたいです。

著書に『レンタルなんもしない人のなんもしなかった話』（晶文社）、『〈レンタルなんもしない人〉というサービスをはじめます。スペックゼロでお金と仕事と人間関係をめぐって考えたこと』（河出書房新社）がある。

プロ奢ラレヤー・・・その名の通り奢られるプロ。誰かにご飯を奢られることを生業にされている人。

・フォロワー五千人以上
・前科あり

・博士課程　在籍ＯＲ卒
・障害あり（患者数　人口１％以下くらい）
・レアな職業（人口五千人以下くらい）
・知り合いに話せない秘密がある
・なんもないけど２万円払う

以上の条件にどれか当てはまれば奢ることができるようです。
著書に『嫌なこと、全部やめてもいきられる』（扶桑社）がある。

ちなみ、レンタルなんもしない人さんは、活動するにあたって、プロ奢ラレヤーさんを参考にされているそうです。

と、ここまでが２人のざっとした紹介です。皆さんは聞き屋がこのお２人を真似たものだと思われますか？

僕は、レンタル聞き屋というサービスも開始しましたが、この名前の、「レンタル」という部分だけを見ればレンタルなんもしない人さんをパクったように思われるかもしれません。

ですが、この「レンタルなんもしない人とかプロ奢ラレヤーのパクリですか？」という質問、レンタル聞き屋を開始する前からたまに受けていました。

実際に、僕が参考にしたのは、横浜の聞き屋Kさんだし、活動開始日も僕は二〇十七年六月二十四日で、レンタルなんもしない人さんがサービス開始のツイートをしたのが二〇十八年六月三日なので、僕の方が活動開始は早いです。

プロ奢ラレヤーさんの奢られ始めがいつからかはわかりませんでしたが、僕は彼のことを知ったのは、聞き屋をやっているときに、「これはプロ奢ラレヤーみたいなもの？」という質問を受けたときに初めて知りました。


話を聞いて、奢ってもらう人とでも思ったのでしょうか？

（写真説明　なんと僕のほうがレンタルなんもしない人さんよりも1年近く先に活動していたのです。）

レンタルなんもしない人さん、プロ奢ラレヤーさん、彼ら2人とレンタル聞き屋というサービスを始める前から同じように思われたのはなぜか？それはまた後の章で書きたいと思います。レンタル聞き屋というサービス、やっていることは出張して話を聞くということが主です。

出張サービスは以前から他の聞き屋さんでもやっている人はいましたが、名前の「レンタル」という部分はインパクトが大事ということもあり、やはり、レンタルなんもしない人さんが有名だったので、そこから取りました。

ですが、「レンタル」という名前を付けて、出張して話を聞くだけ。

それ以外は何もしないとなると、それこそレンタルなんもしない人さんをパクったと思われそうでした。

話を聞く以外にも、出来る事なら割と何でもやるというのは、人助け的な意味もありますが、そう思われるのを少しでも避けたいという理由があったりもします。

それなら「レンタル」という言葉を最初から使うな。といった感じですが、他にインパクトもあって、名前からサービス内容が容易に想像できそうな名称が思い浮かびませんでした。

でも、今は「レンタル」という名前にあやからず「スーパー聞き屋」みたいな、どんなサービス内容かはわからなくても、もっと別の名前にしておけばよかったと思っています。「パクったわけではないけど、意識はした。」と、いったところです。

他にも聞き屋をやっている人はいるんですか？

はい、います。先の章にも書いたように色んな種類の聞き屋がいます。公的な電話の無料相談などはイメージが付きやすいとは思いますが、路上で話を聞くだけということをやっている人を見るのは珍しいのでしょう。

この質問もよく受けます。

僕自身、横浜のＫさんという他の路上聞き屋を知って、聞き屋を始めました。また、僕が聞き屋をやっているのを知って、または利用して、活動を始めた聞き屋もいます。

路上聞き屋の歴史を辿っていくと、二〇〇一年に枚方バンダムさんという方が日本で一番最初に「路上で聞く活動」をされたと言われています。（『お話、聞きます』（徳間書店）という本も出されているみたいです。）

ですので、路上聞き屋には二十年近くの歴史があるのです。

二十年あれば、僕が知っている以上に相当数の活動者がいたことでしょう。

名古屋でも十年くらい前に、名駅以外の場所で路上聞き屋をされていた人がいたと伺っています。

現在、僕はもちろん、不定期に開催されている他の聞き屋。たまに見たことも聞いたこともないような路上聞き屋が突然現れたりして、名古屋という地は路上聞き屋が多いように思います。

聞き屋同士の横の広い繋がりがあるわけではないので、全国的なことは詳しくはわかりませんが、聞き屋という活動が広がっているようにも思うし、もっと広がっていけばいいなと思います。

隣に座っている人は誰ですか？

お客さんか聞き屋です。聞き屋に来たお客さんは基本的に立ったまま話すか、折り畳み式の椅子をお出しして座ってもらうかしています。中には横に座って横並びで話をさ

れていく方もいます。

（写真説明　僕が聞き屋ストリートと呼んでいる通りにある花だん。この花だんに僕とお客さん、または一緒に聞き屋をしている人が横並びで何人か座っていることも）

僕は基本的に一人で聞き屋をやっています。ですが、場合によっては他の聞き屋が同席しているときもあります。

それはすでに聞き屋として活動されている人だったり、中には初めて聞き屋というものを見て、是非体験してみたいという飛び入り参加の人だったりです。

聞き屋が聞くだけといっても、お客さんの

中には意見やアドバイスを求めてくる人もいます。僕としてはあまり得意ではないのですが、思ったことを素直に言うこともあります。もし、僕が一人だけのときだったら、大した意見やアドバイスを言えないかもしれません。ですが、他にも聞き屋がいるということは、僕とは違った意見やアドバイスがあるということです。

お客さんが先客としている場合、先に居た人、後から来た人、お互いの同意の上で相席といった形でお話していただくこともあるし、後から来た人には、違う場所でお待ちいただくこともあります。

隣に僕以外の聞き屋がいた場合でも、僕を含めて席を外して欲しいというご要望があれば、その通りにします。

お客さんでも聞き屋でも、三人寄れば文殊の知恵です。

人数が多ければそれだけ楽しいかもしれないし、よりよい意見が出てくるかもしれません。

それでも、人数が多いと話しにくいということもあるでしょうし、この人には聞かれたくないということもあるでしょう。

それぞれご要望に合わせて、臨機応変に対応していきたいと思いますので、是非、何なりとお申し付けください。

何かの宗教ですか？

宗教だけではなく、政治団体、企業、ボランティア団体などあらゆる組織、団体とは一切関係ありません。

また、僕が聞き屋をやっている名駅には、アンケート調査をされていたり、募金活動をしている人達もいますが、そういった調査やお金を集める為の目的とも一切関係ありません。完全に個人的な活動であり、趣味やボランティア的活動であることをご理解いただければと思います。

ある日の話です。聞き屋に来てくれた高校生と話をしていました。

そこに、ある男性が途中から会話に参加されて、グループトークをしていたのですが、後から入ってきた男性は、「高校生が怪しい宗教に巻き込まれているんじゃないか？と、思って助けに来た。」と、聞き屋に来た理由を、本当なのか、冗談なのか、そのように言っていたことがありました。結局、その後から入ってきた男性も最終的には、「路上でやっているバーみたいで面白い。」「お酒を飲みながら話す人もいるんじゃないの？」と、言って楽しんでいってもらえたみたいですが・・・。

僕に限って言えば、あらゆる組織、団体とは一切関係ないのですが、他の聞き屋に関してはそうでない場合もあります。

実際に、宗教関係者が聞き屋的活動をしているという情報も耳に入ってきています。僕も、「〇〇の宗教の人ですか？」と、その宗教関係者が属している団体に僕も属しているのか？という質問を受けたことがあります。

宗教関係者が宗教活動の一環として聞き屋的な活動をされているのか、聞き屋的な活動をされている人がたまたま宗教関係者だったのかはわかりません。

宗教関係者が聞き屋をやることがいけないというわけではなく、話をした人が満足すれば、別に誰が聞き屋をやっていてもいいと思うのですが、もし、勧誘をされるのではないか？と心配に思われるようでしたら、そういった人がやっている聞き屋の利用は控えた方がいいでしょう。

何かトラブルが発生した場合、自己責任ということで誰も助けてくれないということもあるかもしれません。

僕も含めて、もし何か問題があった場合責任をとりきれない場合があります。何か不安や疑問に思うことがあれば事前に質問しておくのがよいかと思います。

ユーチューバーですか？それともブロガーですか？

ユーチューバーでもブロガーでもありません。

路上で、しかも無料で得体の知れないことをやっているのを見た人は、こんなことをやるのには、何か裏があるんじゃないか？と思うこともあるでしょう。

聞き屋をしながら会話風景をカメラに収めて、動画投稿をしたり、聞いた話をブログのネタにしているのではないか？と思われたのだと思います。

ユーチューバーと言えるほどのものかわかりませんが、ユーチューブに動画（動画形式ですが、背景は静止画で音声をメインにしたもの）を投稿したこともあります。

ブログも収益を目的としないものなら遠い昔に書いたことはあるので、厳密に言ってしまえばユーチューバーやブロガーだったのかもしれません。

しかし、今現在はそういったものはやっていません。

記事や動画のネタ集めとして聞き屋活動をしているわけではありませんので、ご理解いただければと思います。

ちなみに、もし聞き屋という活動を元に、ユーチューブ用の動画を作ったり、ブログを書いたりすれば、面白いものが出来上がるのではないかと思います。

人は生きていく中で様々な体験をします。

良いこともあれば、悪いこともあるし、想像を絶するような体験であったり、特殊なことをされている人もいるでしょう。

聞き屋という場所はそういった体験や経験だったり、感情、知恵や知識が集まる場所だと思います。

僕自身、聞き屋をやっていて色んな人がいるものだなぁと常々思わされます。

自分に置き換えて考えてみてください。何か一つくらい、自慢できることだったり、人に言えない秘密、面白い話みたいなものがあるのではないでしょうか？そういった話が来てくれた人、話してくれた話の数だけ集まってくるのです。

誤解を恐れずに言ってしまえば、聞き屋はネタの宝庫といっても過言ではありません。

ですが、決して聞き屋がユーチューバーをやったり、ブロガーになることを推奨しているわけではありません。

聞き屋はあくまで人の話を聞くことが目的です。

話をしてくれた人が少しでも気分良く帰ってもらうことが主であって、自分の目的を第一にしてはいけません。

ネタを集めることが目的のネタ収集業者になってしまってはいけないのです。

もし、どうしてもそういったことをやる場合でもプライバシーや個人情報的な問題もあります。

相手に承諾を得るなどして、迷惑をかけないようにやりましょう。

新手のナンパですか？

違います。若い女性の人が来たら、男として普通に嬉しいですが、女性との出会いを目的に活動しているわけではありません。

僕の場合は、基本待ちの一手のみです。

聞き屋（僕）の方を、興味深そうに見てくれている人には「どんな話でも聞くのでよかったら来てください。」とか「無料なので試しにどうですか？」と、こちらから声をかけたりもしますが、それくらいです。

活動を始めて最初の頃は、話しに来てくれる人がいないとつまらないので、今よりは積極的に声をかけていたこともありましたが、活動の趣旨から外れているような気がしたので辞めました。聞き屋は誰かに話したいという人が来る場所です。

話したくない、興味がないという人は無理して来る必要はないし、逆にそういう人を無理矢理呼んできて、嫌そうに話をされても、相手には迷惑だし、僕も気持ちよく話を聞けないと思います。

しかしながらも、ナンパやそれに近いことをしていると勘違いされてもおかしくないような場面があったことも確かです。

来てくださった人の中には「呼び込みしないと、人来ないでしょ？」「呼び込みしてあげるよ。」と言って、積極的な呼び込みをしてくれる人がたまにいたりします。

あまりにも度が過ぎる呼び込みは、流石に止めますが、通行の妨げにならずに、声かけをする程度なら、聞き屋の為を思ってやってくれているのかなと思って見過ごすこともあります。

ただ、実際のところはその呼び込みは逆効果になってしまうことがあるみたいです。

聞き屋に来てくれた、とある女性は「前、聞き屋の前を通ったときに声をかけられて怖かった。」と言っていました。

その女性は以前、聞き屋に来たことがある別の友達と遊びに来てくれましたが、その友達がいなければ彼女の中で聞き屋とは怖いものだという印象が残ったままで、聞き屋に来てくれることはなかったでしょう。

ティッシュ配りやビラ配りのようなすでに見慣れた存在なら何も思わないような声かけも、路上に座っている聞き屋という未知なる存在を見かけたとき、その声かけも未知なるものとして、ときには恐怖心を与えたり、ナンパといったものと誤解されてしまうのかもしれません。

それ以外には、こんなことがあります。

ツイッターに、「名駅の聞き屋、ナンパしてる奴とグルっぽかったから信用してない。」という旨のツイートを発見しました。僕以外の聞き屋の可能性もありますが、名駅では僕以外の聞き屋はそれほど頻繁には活動してないので、おそらく僕のことでしょう。

もちろん、僕は聞き屋の活動を個人でやっているし、ナンパしている人のグループには所属していません。

これについては、単純な勘違いだと思われます。

聞き屋には、名駅でナンパをされている人も話をしに来てくれます。

「今からナンパしようと思ってるけど、中々勇気がでなくて・・・。」「今日はナンパしてきて、〇〇人に声をかけて〇人からライン教えてもらって・・・。」というような感じに、今からナンパを始める人、ナンパ中に途中経過を報告しに来てくれる人、ナンパを終えて、一日の結果報告をしに来てくれる人などなど、数々のナンパ師さんたちが聞き屋に来てくれています。

そんなナンパ師さんが名駅で散々声をかけまくった後に聞き屋に来たら、もしくは聞き屋で話をしたすぐ後にナンパを開始したら、その一部始終をもし、近くで見ていた人は、ツイートした人のように、「聞き屋とナンパしてる奴はグルだ。」と、思われても仕方ないでしょう。


僕自身はナンパというものは凄く素晴らしい体験だと思います。

見た目や服装が悪ければ相手にされないでしょう。

まずは、清潔感やファッションセンスを良くしないといけません。

恥をかくかもしれないし、失敗してへこむこともあるかもしれない。

それでもナンパをしようという決断力、知らない人に声をかける勇気は、物事を一歩踏み出す実行力に繋がるものがあると思います。

どういったシチュエーションで、どういった作戦で臨むかを考える、シナリオ構想力。

そして、相手を観察する洞察力。観察し、そこから相応しい会話を考え出す考察力。ときには明るく、ときには落ち着いた雰囲気で、相手の感情や性格を読んでそれに合わせるコミュニケーション能力も必要です。一度で成功する人は少ないでしょう。失敗しても何度でも繰り返す忍耐力。

そういったものを全て試されるのです。トライアンドエラーを繰り返し、磨いていく。もし、ナンパというものを本気で取り組んだのなら、その人の人間力というものは格段にアップするのではないかと思います。

実際に、聞き屋に来た人の中で、「自分を変えたくてナンパを始めた。」と、言っていた人もいました。

ただ、相手も人間です。

ナンパを迷惑行為と思う人も多いのです。

僕個人としては、ナンパをしている人を凄いと思うし、羨ましくも思えたりします。

聞き屋としてもナンパをされている人の話を聞くことはいいのですが、聞き屋を利用する、すぐ前後にナンパをされると、僕までナンパ仲間と誤解される可能性があるので、そこはちょっとだけ遠慮してもらえたらなぁと思います。

声かけの件やナンパと誤解を与えるようなことがあったことを反省し、今後の活動に活かしていきたいと思います。

将来的にはこうしていきたいみたいなビジョンはあるんですか？

具体的なものは、特に今のところありません。

そもそも横浜の聞き屋Ｋさんに教えてもらった聞き屋という活動を単純に素晴らしいと感じたし、面白そう、自分でもやってみたい、と思って始めたのがきっかけです。

将来的な何かを見据えて始めたものではありません。

ただ、せっかくこうした活動を続けているので、何かに繋がっていけばいいな、とも思います。

例えばの話ですが、直接的なことだと、聞き屋の利用者が爆発的に増えて、無料でやっているようではとても対応しきれない。

となれば、株式会社「聞き屋」的な会社を立ち上げて、職業として聞き屋をやっていくのもアリかもしれません。

僕が聞き屋をやっている中で一番多いと感じる話は恋愛についての話です。恋愛の話の中でも半分くらいは彼女が出来ない、彼氏が欲しい、出会いがない、といった内容の恋人がいない人からの恋愛をしたいという話です。

世の中には出会い系サイトやマッチングアプリ、街コン、結婚相談所、婚活パーティー、相席居酒屋など様々な出会いの有料コンテンツが用意されていますが、どれも料金が高かったり、どんな人が来るのかわからない、など敷居が高いものが多いように思います。

それならば、無料でやっている聞き屋がそのまま無料で、路上というそのまま顔が見える環境で出会いの場を作れたら面白いだろうにと思ったりすることもあります。

実際に、聞き屋に来た別々の男女グループで合コンを組んだこともあります。

言うは易く行うは難しですが、聞き屋的な活動を、路上で、それこそ何年間も続けたという人は、そうそういないと思います。

なので、聞き屋という活動を通じてどうなっていくか、どういうことが出来るかは、まだまだ未知数であると思います。

可能性の獣なのです。

僕は、少なくとも聞き屋という活動を続けたことにより、本を書くことができました。これも、聞き屋を通してすることが出来た貴重な経験の一つであり、可能性の一つだと思います。

暗闇の中に広がる無限の可能性を手探りでやみくもに探っていくのはとても大変なことだと思います。

なので、暗闇の中から、勝手に近づいてきたチャンスをたぐり寄せたいと思います。聞き屋をやって向こうから何か他のチャンスがやってきたらチャレンジするかもしれないし、しないかもしれません。

可能性やチャンスが転がっていても、心ときめかなければ、聞き屋という活動、その一点だけに絞って、やっていくのもアリだと思います。

それは、聞き屋をやりながら、その場、そのときで考えることにします。

とりあえず、自分が書いた本が全然売れないなんてことになったら悲しいので、本屋さんでも回って、営業活動をしたい！というのが、次にやってみたいことです。

聞き屋を続けて自分の中で何か変化とかありましたか？

「人の話を聞くのが上手くなった？」「コミュ力が上がった？」みたいなことを聞かれることも多いですが、自分では全く実感がないです。

人の話を聞いて、人生観が変わったということも、今のところないです。

ただ、いつもと同じ場所で、聞き屋をするということだけなら上手くなったような気がします。

毎回のように受ける質問は、「どうして、聞き屋をやってるんですか？」というような事だし、自己紹介だったり、聞き屋の説明だったり、来てくれたはいいけど、無言の人にはこちらから何を話しかけたらいいかとか、聞き屋をやっていく中で、繰り返し、何度もやっていることがあるので、そういったことは自然に上手くなっていきます。

でも、聞く話は人によって違うし、同じ内容の話でも、話す人が違えば、性格も、置かれた環境とか色々違うので、全部が同じというわけにもいきません。毎回出たとこ勝負みたいなところはあるので度胸はついたかもしれません。

酔っ払いに絡まれたこととかないんですか？

ほとんど、ないです。

酔っ払いの人が普通にお客さんとして聞き屋を利用してくれているという認識と、悪酔いしている人にウザ絡みされているという認識、２つの境界線をどれくらいの程度で線引きをするかによっても変わってくると思います。

ですので、全くなかったと言いきれない部分もあります。

ただ、幸いにも僕が聞き屋をやっている名駅の聞き屋ストリートは通行量も多く、常に人目があるということもあるかもしれませんが、変な因縁をつけられるようなことは、今のところ起きていません。

飲み会の帰りみたいな人達だと、付き添いの人、介抱されているような人が「邪魔してゴメンね。」なんて言いながら、酔っ払いの人を連れて帰っていくことも多いです。

また、酔っぱらっている人は気前がいいところがあります。

チップをくれる人が多いのです。

しかも、千円札を気前よく払ってくれる場合も多いです。

チップをくれる人自体が稀で、出してくれる場合でも飲み物代として数百円程度の小銭をくれる人が多い中、酔っ払いの人は五～十分話しただけで紙幣をくれることがあり、「太っ腹」の一言につきます。


こんなことがありました。聞き屋の僕が1人と、お客さんで十代の女性3人が来てくれていたときの事です。

4人でお話をしているところに、ある男性のお客さんが来てくれました。

男性のお客さんは過去にも一度来てくれたことがあって、そのときもほろ酔いでした。

そして、以前来たときは、少し話して、駅の方まで送っていったら、千円札をくれました。

再び来てくれたときには、酒を飲んだかどうかについては明言していませんでしたが、雰囲気的には前とほとんど変わらぬご様子です。

僕は、女の子達に変な風に絡まないか心配でしたが、普通にお話をされていかれて、心配するようなこともなく、その場に居た、僕を含めた４人全員に千円ずつ渡して帰って行かれました。

前回に続き、今回も。ましてや今回は見ず知らずの人に対して合計四千円も気前よく出してくれるのは、酒の勢いなのか、本人の元々のお人柄なのか・・・。どっちにしろ、お酒を飲まれる人は豪快というイメージです。

人の話ばっかり聞いていて疲れないですか？

「全く疲れない。」と、言ってしまったら、嘘になるかもしれませんが、そこまで疲れません。

逆に話してくれる人が誰も来ずに、何もないまま待っているだけの方が、精神的にキツイです。

誰かが来てくれた方が、時間の経過が早く感じられる気がします。

話の内容によっては、疲れてくる場合もありますが、そういった話もあれば、時間を忘れるくらい面白い出来事があったりもするので、バランスが取れて、まぁよし、と思います。

実際にはやっていませんが、もしも、疲れることを恐れるのならば、開催は〇〇時まで、一人〇〇分までと、時間制にすれば、ある程度予防線を張ることもできます。

僕が、プライベートで嫌なことがあったときなどには、聞き屋で誰かの話を聞く、会話するということが、逆にストレス解消や孤独感の解消にさえ繋がっているようにも思います。

ただし、夜の十時とか十一時くらいまでには、終了して帰ることが多いですが、日付を越えたり、一時とか、それを越えるような時間まで聞き屋をやれば流石に疲れます。

慣れの部分もあると思いますが、何事もほどほどが一番です。

来て嫌な人とかいないんですか？

基本的には、誰でもウェルカムです。

相性として合う、合わないがあります。

だからと言って、相性が合わない人は来るなということではありません。

誰に話してもいいのにも関わらず、あえて僕を選んで話しに来てくれたと思うと、来てくれた人全てが有難い存在です。

活舌の悪い人だと、一生懸命に話してくれているのに、聞き取れなかったり、内容が理解出来ずに、申し訳なく思います。

あまりにも常識がなかったり、不潔だったり、精神的に問題がある人、会話が全く噛み合わない人などは、勘弁してくれ〜と思います。

例えば、僕はタバコが嫌いだし、路上喫煙禁止区域での活動ですが、タバコを吸われる人。

指摘して、止めていただければ、全然問題ないのですが、指摘を受け入れてくれない人は、心の底から来るな〜と思います。

でも、そう思うことは誰にでも当てはまることではないでしょうか？

僕は、聖人ではなく、普通の人です。

線引きをするのは、難しいですが、一般的な常識のある人なら全然問題ありません。

面白かった話、印象に残った話などがあったら教えてください

聞いた話に順位をつけるのも悪いと思うし、言い方は悪いかもしれないですが、実際のところはそんなに印象に残るような話はありません。

他人が体験したことや思ったことであって、自分が直接体験していないので感動や衝撃みたいなのは絶対に薄くなると思います。

なので、聞いたときは、凄い！と思っても時間が経つにつれて、記憶から抜け落ちているのかもしれないし、そこまで他人に興味がないのかもしれません。

聞いた話よりも、日付を越えて午前一時までいたとか、お礼にプレゼントを持ってきてくれたとか、自分が体験したことの方が、思い出として印象に残っています。

逆に話したいことはないですか？


ないです。あったとしても、ここで書けるのは自慢くらいでしょうか。

本書にも所々にプチ自慢みたいなのが隠れているので、見つけてください。


路上で活動するにあたって、許可などを取っているのですか？


取っていないです。

法律的に言ったら、公道、公有地ならば国や自治体、警察などに、私有地ならば、その土地の所有者、管理者などのしかるべきところに許可を取ってから活動をするべきものなのかもしれません。

しかし、許可が下りないのです。

僕が活動している、聞き屋ストリートと呼んでいる場所は公道です。

聞き屋ストリートにはミュージシャン、靴磨き、似顔絵書き、ティッシュ配り、ビラ配り・・・等様々な路上活動者が出没します。

そのほとんどが（百%と言ってもいいでしょう）、僕と同じく、許可なしでの活動のはずです。なぜなら許可自体が下りないからです。

僕を含めて、多くの路上活動者が許可をとってリスクをなくした上で活動をしたいと思っていることでしょうが、許可が下りないばかりに泣く泣くリスクを取って活動しているのです。

僕は、交番や警察の交通課に確認を取ったことがあります。

交番では、「そういった私的な活動に対して許可が下りることはまずない。」

交通課では、「許可の対象外なので通行の妨げにならないようにやってもらっている。」との回答でした。

「やっても大丈夫。」とは、絶対に言わないけれど、「絶対にやってはいけない。」とも言わない。白でも黒でもない、グレーといった感じです。

一見、通行の妨げにならなければ、やってもいいような回答を得られたわけですが、いざ警察が止めにくるような事態が発生した場合には、口頭での発言は、書類上の正式な許可とは違い、何の効力もないのです。

言った、言わないの水掛け論に始まり、どれだけ通行の妨げになっていないかを主張したところで、その主張が通ることは一切ありません。

道路交通法第七十六条の中には、「何人も、交通の妨害となるような方法で物件をみだりに道路に置いてはならない。」「道路において、交通の妨害となるような方法で寝そべり、すわり、しゃがみ、又は立ちどまっていること。」という条文が禁止行為として書かれています。この法律を拡大解釈すれば、物を置いたり、一定時間同じ場所で活動したという事実さえあれば、違法となるのです。


なので、僕は路上活動をするにあたり、２つのことに気をつけています。

一つは、通行の妨げにならないように注意すること。物を置いたりせず、なるべくなら同じ場所に留まらない形が理想です。場所を移動しながらやるというのは、難しいですが、以前は折り畳み椅子を並べて、お客さんが来るのを待っていましたが、極力置かないようにしています。

二つ目は、警察に止めるように指導されたときには、素直に応じることです。

これらのことに気を付けていれば、「路上活動を行っても大丈夫。」というわけではないですが、「やれないこともない。」といったところでしょうか。

騒音もなければ、広いスペースを取っているわけでもなく、違法性は低いので、ストリートミュージシャンが警察から止めるよう指導を受けているときでも、聞き屋の前だけは警察が素通りしていくことが何度もありました。

「違法性が低ければ、法に抵触する恐れのあるようなことをしてもいいのか？」と、思われる人もいるかもしれません。

道路交通法第七十七条第二項には、

道路の使用許可が必要な行為において、許可の申請があった場合には、申請のあった行為が次のいずれかに該当するときは、所轄警察署長は、許可をしなければならない。

と、しています。

一　当該申請に係る行為が現に交通の妨害となるおそれがないと認められるとき。
二　当該申請に係る行為が許可に付された条件に従って行なわれることにより交通の妨害となるおそれがなくなると認められるとき。
三　当該申請に係る行為が現に交通の妨害となるおそれはあるが公益上又は社会の慣習上やむを得ないものであると認められるとき。

とあり、条文の通り、交通の妨害とならない行為であるなら、警察は「許可をしなければなりません。」

しかし、警察は許可を出せるものに該当するか、否か、に関わらず、慣例的に、それを一律で却下しています。

僕が警察に問合せをしたときに、許可を出すには値しないと判断されたのならばまだしも、申請の前から「許可の対象外」と見なされたこと。僕が知る他の路上活動者は、工事を先に収入印紙を購入してから申請をしようとしましたが、「道路の使用許可は、工事をするときとかに取るものだから。」と、受け入れてすらもらえなかったそうです。

このような状況からも明らかです。

警察ですら、法律を完全に守れていないのです。

正しい運用が行われないことによって、本来なら許可を取って路上活動をすることができる場合でも、その機会を奪われています。


許可のない路上活動者が悪いのか、許可を出さない警察が悪いのか。

どちらの方が悪いかは、なんとも言えないところですが、路上活動者を非難するのであれば、同じように警察も非難してもらいたいものです。

その非難の声が、警察をあるべき姿に変えるかもしれません。


パブリック・フォーラム論というものがあります。

公園、広場、道路などの公の場所で行われる表現の自由については、所有権や管理権に基づく制約を受けざるをえないとしても、表現の自由について可能な限り配慮する必要があるというものです。

日本国憲法第二十一条には表現の自由が保障されています。

ミュージシャンの路上ライブなども一種の表現の自由であり、それを認めていこうということです。

聞き屋の活動を表現の自由として表すのが適切かはわかりませんが、路上ライブが認められることは、そのまま路上活動者全体の地位向上に繋がると思います。

是非とも、広がって欲しいと思う考え方です。

路上活動というのはやはり、人々の理解や協力があってこそ出来るものだと思います。警察に許可を得るにしても、私有地で行うにしても、やはり理解や協力がないと許可は得られないでしょう。

ここまで長々と書いたのも、路上聞き屋というものに対して、世間一般の方々からご理解をいただきたい。そういった気持ちからです。

路上活動というものが世間一般に広く認められて、理解や協力を得ることが出来れば、そして、聞き屋をやりやすい環境が少しでも整えばと切実に思います。

第3章
聞き屋をやってみました

聞き屋を実際にやっていく中で、聞いたこと、体験したこと、思ったことなどが色々とあります。

そのすべてを書くことは出来ないし、お客さんのプライバシーを守る意味でも、書けないことがあります。

聞き屋としては聞いた話の一切を漏らさないのがベストなのかもしれません。

しかし、それでは聞き屋という活動の良さを知ってもらうことも難しいと思います。

この章では、個人が特定できないように注意しつつ、体験談などを書いていきたいと思います。

縁結びの聞き屋

聞き屋には、たくさんの人の出入りがあります。

一人で話をされていく場合もあれば、ときには相席となり、知らない人同士が、お話するような場面もあります。

知らない人との出会いは、縁と言ってもよいでしょう。

そんな、聞き屋に来た人同士の縁について、いくつか紹介したいと思います。

その日は、出だしから好調で、開始早々にお客さんが何組か来てくれました。

一番初めに来てくれた男の子と、あとから来た女の子のグループの一人が、同じ大学生同士ということもあってか、僕が聞き屋をやっている隣でイチャイチャし始めました。

(本人達曰く、恋愛相談らしいです。)

いつまでも2人でイチャイチャしているものだから、一緒に来ていた女の子の友達も先に帰ってしまいました。

他の通行人も、さぞかし聞き屋に来にくかったことでしょう。

最初の勢いとは打って変わって、すっかり客足が止まってしまいました。彼ら2人が帰るまでは、誰も来ませんでした。

その日、彼ら2人は、聞き屋を去った後、カラオケに行ったそうです。

さらにその後のことはわかりませんが、もしも、2人が付き合ったり、結婚するようなことがあったら・・・。それは、聞き屋が縁を結ぶきっかけになったということを、いつまでも忘れないでいて欲しいです。

ご縁とは、恋愛や結婚に限ったものではありません。

家族や友達の縁もあれば、嫌な上司や苦手なご近所さんとの縁もあるでしょう。

良い縁もあれば、悪い縁もあります。

良い縁とは何か？定義することは難しいかもしれませんが、必要なときに、必要な人と出会えることは良い縁といってもいいのではないでしょうか。


僕自身の事で、こんなことがありました。

二〇一八年六月の事です。

サッカーのロシアW杯が開催されていました。

スポーツをすることは好きですが、サッカー部だったわけでもなく、普段はサッカーのことなんか全く頭にありません。

しかし、連日テレビでサッカーの試合が放送されていたり、世間が盛り上がるにつれて、僕も、「サッカーをやりたい！」と、思うようになるのです。

日頃からサッカーを嗜んでいるのなら、サッカー友達を誘ってゲームでもとできるかもしれませんが、僕はサッカーボールすら持っていないにわかファンです。

しかし、聞き屋をやっていたおかげで、サッカーとは少し違うのかもしれませんが、フットサルをやる事が出来ました。

単純なことなのですが、聞き屋をやっているときに、フットサルサークルの主催をされているお兄さんが来てくれて、僕をゲームに誘ってくれたのでした。

W杯の真っ只中にフットサルをすることができて、僕としては良い縁に恵まれた、と思う出来事でした。

また、お客さん同士では、こんなことがありました。

聞き屋にお客さんが何人か居るときに、栄養士希望の学生さんが来てくれました。

進路のことについて悩みがあったみたいなのですが、なんと、先に来ていたお客さんの中に元栄養士の人がいたのです！

そんなちょうどいいところに、ちょうどいい人が居たのなら、僕なんかに話している場合じゃないです。

元栄養士さんが、学生さんからのガチ相談を受けてくれました。

出来すぎた話かもしれませんが、本当にあった話です。

しかも、こういうパターンは意外と多いのです。

「来年から就活だ。」という学生がいるところに、就活経験のある若いサラリーマンが来てくれて、自らの就活体験談を話してくれたり、恋愛について悩んでいる人が来た時に、恋愛経験豊富な恋愛マスターみたいな人が、相談に乗ってくれたりと、色々な縁がありました。

お客さんも、誰かの悩みや相談を聞いたなら、助けになってあげたいと思うのでしょう。

皆さん、親切に相談に乗ったり、アドバイスをしてくれます。

アドバイスでも知識でも、何か必要なものを探しているときに偶然それに出会えたなら、たとえ、その場限りの関係だったとしても、良い縁だと言えるのではないでしょうか。

人と話すことは、自分が持っていない何かに出会うチャンスです。

それが、いま必要ないものであっても、今後何かに活きてくることがあるかもしれません。

聞き屋が、直接その人のお役に立つことは出来なくても、何らかの縁を結ぶきっかけになるかもしれません。

何か足りないと思うことがあったら是非、聞き屋に来てください。

あなたの人生を変えるような縁が結ばれるかもしれません。

幸運を呼ぶ聞き屋？

聞き屋に来てくれたお客さんの中には、話したことについての途中経過だったり、結果報告をしに来てくれる人もいます。

わざわざ、再度足を運んでくれるだけでも嬉しいですが、「行きたいとこに就職が決まった！」「好きな人と付き合うことが出来た！」など、お客さん自身が望む結果になったというような良い報告を聞けるのは、さらに嬉しいです。

嬉しい報告は事後報告だけではなく、聞き屋で話している最中に吉報が入ることも。

そんな、聞き屋に来てくれた人に訪れた幸運を少しだけ紹介したいと思います。

ケース1　聞き屋に来て付き合った男女カップル

男女で聞き屋に来てくれた同じ職場の若い男女。仕事の愚痴を2人で話していってくれました。

すごく、仲の良さそうな2人だったので、僕はてっきり2人が付き合っているものだと思っていましたが、違いました。

しかし、女性の方は、男性の事を好きみたいで、彼が他事をしている隙に、こっそりと僕にそのことを教えてくれました。

後日、その女性が名駅付近に来たついでに、聞き屋にも立ち寄ってくれました。

彼女が聞き屋に立ち寄った理由、それはなんと以前一緒に来てくれていた、好きだと教えてくれたその彼と付き合うことができた。という報告をするためでした。

しかも、聞き屋に来た後、それほど日にちも経たないうちに付き合うことが出来たというのです。そして、その日は聞き屋に寄ったその後に、彼が迎えに来てくれるとも言っていました。仲の良さは、前回来たときと同じということみたいで、幸せそうでした。

好きな人と付き合えて良かったですね。おめでとうございます。

ケース2　聞き屋に来てラインの返信が返ってきた学生

とあるグループで来てくれた学生さんの中のうちの一人。

何やら恋愛関係の事で話があるご様子でした。

しかし、いざ話をする前にスマートフォンを見てみると、話そうとしたことが勝手に解決していたみたいなのです。

どうやら、「ラインの返信が返ってこない。」という話をしたかったみたいです。

でも、聞き屋にいるときに返信が返ってきたのです。

結局、その人は他の友達がお話されるのを聞いていました。

今回は、悩みが解決されたみたいで何よりです。

しかし、人間関係、何があるかわかりません。

人間関係に限らず、何か話したいことが出来たら、またいつでも話しに来ていただけたらと思います。

ケース３　聞き屋に来て代役を見つけた男性

ある男性が来てくれました。

本当はその日、人と食事をする予定でお店を予約していたそうですが、一緒に食べに行く予定だったお相手さんが、急遽お仕事の都合で行けなくなってしまったということでした。

予約したお店が名駅の近くで、ちょうど同じ名駅でよく見かけていた聞き屋に声をかけたというわけです。

男性は、事情を話した後、「レンタル聞き屋っていうのは、行けなくなった人の代わりに一緒にお店に来てくれるんですか？」と、お店の予約をキャンセルするのも申し訳ないし、一人で二人分食べるくらいなら誰かに食事をご馳走しようと、僕に話を持ち掛けてくれたのでした。

もちろん、僕としては当然ＯＫだったのですが、僕のところに来るまでに、他の友達にもお誘いの連絡を入れていたみたいで、返事待ちの状態でした。

お店の予約の時間までは、１時間以上はあったので、返事待ち兼予約時間までの時間潰しでお話されていきました。

二十分くらい話しているうちに、お友達から返信があったみたいで、一緒に食べに行ってくれるとのことでした。

お相手のキャンセルから一転、無事代役をみつけることが出来たみたいです。

僕としては、久しぶりのレンタル聞き屋の依頼が無くなってしまったと、少し残念に思う部分もありますが、それでも、その男性が仲のいいお友達と一緒に食事に行けたのは、良かったと思います。

お話を聞くというのは、もちろんですが、それ以外にも急な数合わせなど、対応できそうなことなら極力やっていこうとは思うので、何かありましたら是非、お問合せください。


いかがでしたでしょうか？３つのケースを紹介しましたが、皆さん聞き屋に来たおかげで幸運が訪れたり、窮地を脱することが出来ました・・・なんてことを言ってしまったら凄く胡散臭くなってしまいますね（笑）。実際、僕が来てくれた人に対して、してあげられたことは何もありません。

聞き屋で話しても上手くいかなかった、望むような結果にならなかった、という人だっているはずです。

ですが、先に紹介したケースの人たちは、少なくとも自ら何かしら行動を起こしています。

好きな人にアプローチしたり、ラインを送ったり、代役を探したり・・・。

行動を起こしたからこそ、変化が生まれ、望むような結果が得られたのだと思います。

何もせず幸運が訪れるということもあるかもしれませんが、やはり、行動してこそ幸運を近づけることができるし、努力するほど確率が上がっていくと思います。

もし、行動出来ない人が聞き屋に来たら、自信を持って行動できるように、応援してあげたいです。

そして、行動に起こしたら、すべて出し切ったら、結果がわかるまで不安なことでしょう。

結果が出たら喜びやら悲しみの感情が沸き上がってくることでしょう。

そういった感情をすべて聞き屋で発散させて欲しいと思います。

『幸運を呼ぶ聞き屋?』という、誤解を招くような見出しをつけてしまいましたが、幸運を招くことが出来るかどうかは、あなたの行動次第です。

僕は、聞き屋として、自分自身に幸運をもたらしたいと思っているすべての人に寄り添えたらとそんなふうに思っています。

頑張れ受験生！！

僕が聞き屋をやっている名駅の周辺には、大学受験の予備校や、資格の専門学校が数多くあります。

近くの学校に通われている人以外にも、若い人、学生などが多く通る場所なので、勉強の話をされていく人がいます。

「どうやって勉強していましたか？」とか「勉強に集中できないんですけど、どうすれば集中できますか？」など、勉強の仕方について尋ねられたり、「受験受かるように、勉強頑張れるように、励ましの言葉をください。」と、鼓舞される目的で来てくれる人もいます。

僕は学生時代、全然勉強をしてきませんでした。

受験というものを経験してはいますが、受験日が近くなって、ギリギリのところまで追い詰められないと勉強できないタイプでした。

励ますのならまだしも、勉強のやり方を聞かれて、「試験の日が近づいて追い込まれたら勉強するようになる。」なんてことを言っても、何の役にも立たないアドバイスとなってしまうことでしょう。

こういうときにこそ、勉強を頑張った経験のある他の聞き屋や独自の勉強理論を持っているお客さんとかが相席してくれていたら良かったのに・・・と思うことがあります。


それはさておき、とある超難関国家資格合格を目指している女性が聞き屋に来てくれたことがありました。

その人は、以前働いていた職場を資格の勉強の為に辞めて、現在は適度にアルバイトをしつつ、資格の専門学校に毎日通って勉強しているそうです。

「毎日、何時間も机に向かって勉強していて、人と話すことがほとんどない。」「勉強ばかりなので、アルバイトに行ったときにバイト先で一緒に働いている大学生の話を聞くのが楽しみで・・・。」と、言っていました。

その話を聞いて、僕は自分の友達（男）のことを思い出しました。

僕の友達もある時期に資格試験に向けて毎日のように勉強をしていました。

それこそ、毎日何時間も、誰とも話すことなく、勉強していたことでしょう。


僕と友達の彼は、よく合コンなどの出会いの場に一緒に参加していました。

彼は話が上手で、僕だけでなく他の友達からも頼りにされる存在でした。

そんな、彼も資格試験の日が近づいてくると、勉強モードに突入して、出会いの場に参加しなくなります。

そして、試験が終わると、ハメを外さんとばかりに、また出会いの場にも参加するようになるのです。

しかし、彼が試験を終えて早々に、意気揚々と臨んだはずの出会いの場で、彼のトークが以前よりも冴えわたらないのです。

彼は後の反省会でこう言っていました。「毎日、何時間も誰とも喋らずに勉強ばっかりしとったら、そりゃ喋れなくなるわ。」と。

彼は話上手で誰からも頼りにされる存在であったのに、数ヶ月間、人と話さない生活を送ってしまったばっかりに貴重な能力を低下させてしまったのでした。

勉強するって孤独なんだな、と思いました。


聞き屋に来てくれた国家資格合格を目指している女性や僕の友達のように、受験や試験の前というのは自分を追い込みがちで、それこそ誰とも話さずに何時間も、何日間も頑張ってしまうこともあるでしょう。

自分に厳しく、ひたむきに努力することは素晴らしいのですが、それではストレスが溜まってしまいます。

知らず知らずのうちに、自分の心と身体に負担をかけていることでしょう。

ときには休んで、ストレスを解消して欲しいものです。

勉強に疲れた、こんなに頑張っているのに試験に合格するか不安だと思うなら、気分転換に是非聞き屋を利用していただきたいと思います。

人と話すことでリフレッシュできて、もう一頑張り出来るかもしれませんよ?

僕が広島から名古屋に帰って来て半年以上経ちましたが、その間に何人もの学生や受験生が聞き屋に来てくれました。

中には、「合格したら〇〇を奢る。」「テストで〇〇点以上取ったらコンビニでなんか買ってあげる。」と約束した人もいます。

この本が出版される頃には、受験シーズンも終わり、進路が決まった人も多いことでしょう。是非、聞き屋に来て、結果報告などを聞かせていただきたいです。

ＬＢＧＴを見習って・・・

ＬＢＧＴとは、レズビアン・ゲイ・バイセクシャル・トランスジェンダーの頭文字をとった、セクシュアルマイノリティの総称です。

聞き屋に来てくれた人がＬＢＧＴの人か、どうかというのは見た目ではわかりません。ですので、僕が知り得た範囲での、「自分はゲイです。」といったようにお客さんが教えてくれた人に限っての話です。

これまでに聞き屋に来てくれたＬＢＧＴの人は、明るい人が多かったように思います。

なんというか、皆さん人生を楽しんでいるといった感じでした。

男性2人で来たペアが教えてくれました。「僕たちはゲイで、ツイッターで知り合った。」と。

またある男性は、「○○の発展場（男性同性愛者の出会いの場所）で、○○歳も若い男の子から好きって言われちゃって・・・。」と、ノロケ話をされていかれました。

ゲイやレズビアン、バイセクシャルの人から語られる、出会いや恋愛の数々は、どの年齢の人が話しても、まさに青春真っ只中といった感じで、皆さん楽しそうでした。

ある女性がこのようなことを言っていました。

「これまでに男性を好きになったことがない。レズビアンかもしれない・・・。」

これと似たような話を他の人からも何回か聞いたことがあります。

冗談交じりに言う人もいれば、深刻そうに言う人もいました。

その人たちが、たまたま好きになれるような異性と、まだ巡り会っていないだけなのか、ＬＢＧＴなのか、なんなのかはわかりません。

でも、心配する必要はありません。

少なくとも、聞き屋で話をしていった人は、好きな人や好きなことについて話している時は、誰もが楽しそうです。

この先、異性を好きになっても、同性を好きになっても、恋愛という括りで見れば、どっちでも同じです。

そのときが訪れたら、人の一人や二人くらい好きになることだってあることでしょう。

自分が何者でも、どんな状況でも人生を楽しむ方法はあるはずです。

自分が何者か、何が好きで、どんな人が好きなのかを知ることが出来て、それを認めることが出来たなら、素直に実行できたなら、人生の楽しみ方が、幸せの道筋が見えてくるかもしれません。

聞き屋に来てくれた、人生を楽しんでいる人達を見習っていきたいものです。

こんな人も来ました

聞き屋にはこれまでにたくさんの人達が来てくれました。職業で言えば、学生、会社員、フリーター、看護師、介護士、保育士、教員などの他に珍しいところだと、メンズアイドル、女性地下アイドル、お笑い芸人、スポーツ選手、ユーチューバー、ミュージシャン、会社の社長または重役、占い師、芸術家、旅人などなど様々です。

特に、有名人、多くの人に注目されるような人が来た場合には、反響があります。

例えば、お笑いコンビ『さらば青春の光』の森田哲矢さん。あえて名前を出すのは、森田さんが自らのツイッターで聞き屋に来たことを公表されているからです。

僕は普段、あまりテレビを見ないので芸能人については疎いところがあります。

森田さんが来たときも、有名な人とは知らず、テレビのレギュラー番組を何本も持っている芸人さんが、聞き屋に来てくれていたなんて、思いもよりませんでした。

僕がそのことを知ったのは、その日の聞き屋を終えて、ツイッターを開いてからです。

「森田さん来てましたね。」と、知らない人からのコメントがついていました。

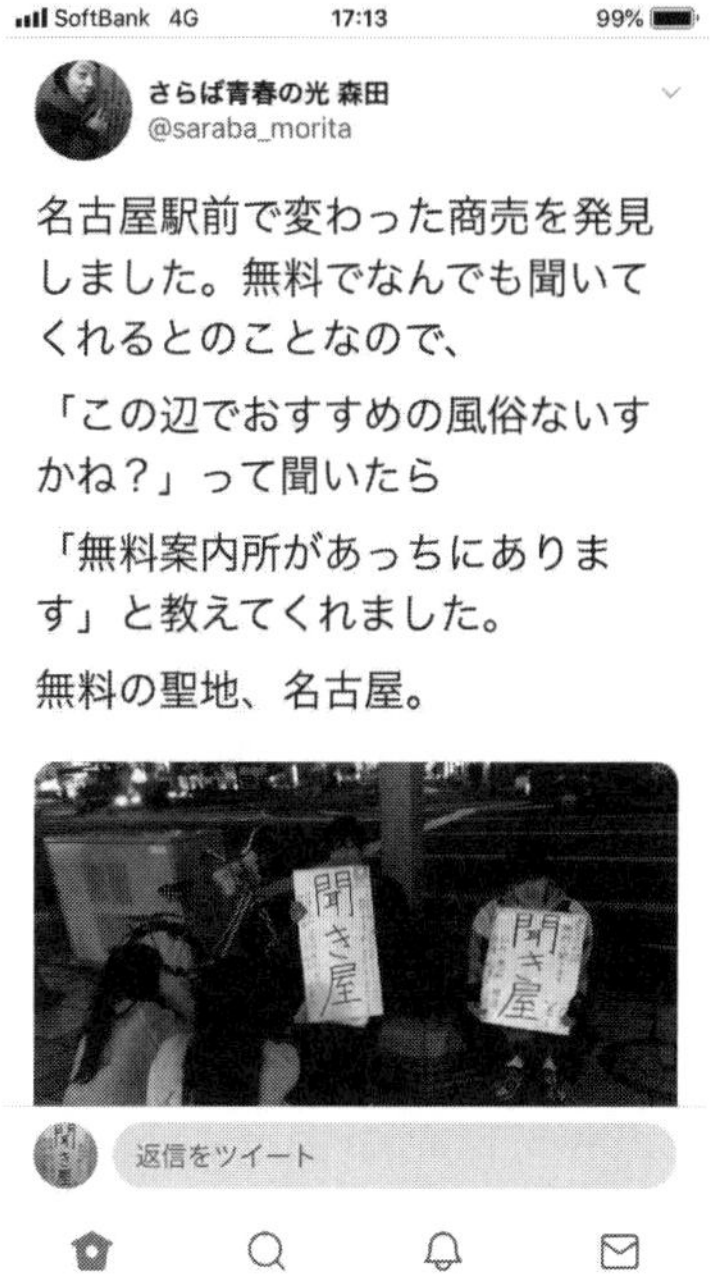
SoftBank 4G
17:13
99%
さらば青春の光 森田
@saraba_morita
名古屋駅前で変わった商売を発見しました。無料でなんでも聞いてくれるとのことなので、
「この辺でおすすめの風俗ないすかね？」って聞いたら
「無料案内所があっちにあります」と教えてくれました。
無料の聖地、名古屋。
聞き屋
聞き屋
返信をツイート

森田さんがツイッターに、聞き屋で撮った写真を載せていたのです。

それからというもの、森田さんのツイートを見た人が、「森田さん、来たんですよね？」と声をかけてくれるようになりました。

聞き屋を利用するわけでもないですが、そういった言葉をかけてもらえるだけでも嬉しかったりするものです。

また、別の人ではこんな人が来ました。

僕と、聞き屋を一緒にやりたいと言ってくれて、一緒に聞いてくれていた男性、お客さんが２人の合計４人で話しているときのことです。

お客さんの後ろから、細見でスラっとした、スタイルの良い男性が話しかけてきました。

路上で何をやっているのか、興味を持ってくれたみたいなのですが、他の人とはちょっと違いました。聞き屋の場に、「良いエネルギーが流れていた。」というのです。その場にいた、他の人は何を思ったかは、わかりません。

でも、占い業界で働いて、スピリチュアル的なものにも携わってきた僕は、面白い人が来たなと思いました。

ただ、こういうエネルギーに敏感だったり、霊感が強い人は、居るところには、案外居たりします。占い業界にも、そういう人は結構います。

この人が、凄いと思ったのは、「引き寄せの法則（スピリチュアル業界から発生したと言われる成功法則）」的なものを使って、数々の願望を叶えて、成功を収めている人だったのです。

ネットで名前を検索すると、顔も情報も出てくるような、知る人ぞ知る有名人だったのでした。（本業は占いやスピリチュアル業界とは関係ない人です。）

詳しく書けないのが残念ですが、話してくれた成功体験などから、この人は本物なのかな。少なくとも、結果を残しているので、凄いなと思いました。

そんな人から、聞き屋の場について、「良いエネルギーが流れている。」と、称してもらえたことは嬉しくもあり、自信に繋がる出来事でした。


聞き屋には有名人も来れば、面白い人も来るし、不思議な人も来ます。

あなたも聞き屋に来たら、思いもよらぬ人と出会えるかもしれません。

こんな事もしました

僕は、聞き屋をやっていく中で、話を聞く以外の事も数多くしてきました。

特に、レンタル聞き屋というサービスを開始してからは、幅が広がったと思います。

道案内はもとより、肩が凝っている人にはマッサージを施しました。

マッチングアプリのプロフィール写真を撮って欲しいという人と一緒に、雰囲気の良さそうな飲食店まで写真を撮りに行きました。

またあるときは、お客さんの応援しているミュージシャンを一緒に応援しに行きました。

スマホの電池がなくなった人には、これまでに何回もモバイルバッテリーを貸して充電してもらいました。

引っ越しの手伝いをして欲しいと頼まれたときには、惜しくも車の積載量の都合でキャンセルになってしまいましたが、お話を聞く以外でも、少なからず何かしらのお役に立てているのではないか、と思います。


ですが、話を聞くこと以外でも、やれることは割と何でもやるというレンタル聞き屋ですが、そこまで利用されていないと感じます。


やはり、信用が大事です。

路上に座っている得体の知れない人物を、いきなり信用するのも難しいと思います。

僕がいくら暇人だからといっても、人に何かを頼むというのは気が引けるということもあるのでしょう。

しかも、本元は聞き屋です。

話を聞く人に、話を聞いてもらう以外のことを頼みづらいというのもあるかもしれません。何なら、聞き屋の出張サービス的な意味でも、路上なら無料で話すことができるのに、わざわざ場所を変えて、飲食代を奢ってまで利用しようとは思わないかもしれません。

一番、肝心な路上聞き屋の方には人が来てくれるので、何ら問題はないのですが、やり始めたことが上手くいっていないというのも、悔しい気がします。

さて、あまり流行らないレンタル聞き屋ですが、役に立つときには、非常に有用だと思います。ここでは、レンタル聞き屋の好事例を一つ紹介したいと思います。

ある女子大生の話です。

彼女は、路上でたまたま聞き屋を見かけて、話しかけてくれました。

聞き屋という活動を、好意的に受け止めてくれました。

数週間後にも、また来てくれました。

さらに数日後、３回目に来てくれたときの事です。

３回目ということで、僕の事を多少は信用してくれたのでしょうか。

彼女は、「パパ活をしている。」と、教えてくれました。

奨学金を借りながら大学に通っていて、学費も前期分は自分で払ったそうです。

アルバイトもしているそうですが、決して余裕があるわけではないので、最近パパ活に手を出した、ということでした。

彼女は言います。「パパ活する前と、した後は、泣きたくなるので、話し相手として付いて来て欲しい。」

僕は、考えました。

本当ならレンタル聞き屋として、交通費をもらって、少なくとも、パパ活をしている間はどこかで時間潰さないといけない。

時間潰しの飲食代くらいは貰いたい。

けれど、金銭的余裕がなくて、パパ活までしている彼女からお金を取るのも悪い気がする・・・。

当時、聞き屋として本を出版することがほぼ決まりかけていた状況でした。

それで、本の中でこの話を載せる事を条件に、交通費も何もなしの無料で引き受けることにしました。

パパ活当日、彼女は昼に、その日の授業が全て終わります。授業が終わってから街に移動して、昼と夜、２回のパパ活予定が組まれていました。彼女が街に着く時間に合わせて、僕も待ち合わせ場所に向かい、パパ活までの１時間程を話したり、歩いたりしながら過ごしました。

彼女の気持ちを確認すると、「今は何ともない。」「前回までは自分が汚くなった気がする。そこまでして金が欲しいのか、自分がよくわからん。」というような事を言っていました。

今が何ともないなら、僕が付き添いした意味もあったのではないかと思います。

そして、いざパパ活の時間になったのですが、相手は現れませんでした。

彼女もパパ活への不安からか、約束をした後に、相手の連絡先もトーク履歴も消したということで、連絡も取れないので諦めました。

「覚悟を決めてきたのに、悔しい。」と、言った彼女の気持ちを抑える意味で、少しだけお茶をして、僕と彼女も一度、解散しました。

夜になり、パパ活前の1時間前に再集合しました。

彼女は、時間まで学校の課題をやったり、買い物もしていたみたいで、昼よりはリラックスしていました。

時間を潰して、パパとの待ち合わせ場所に着く少し前に、彼女と距離を取り、見守っていました。

今度は合流できたみたいで、僕は見送ることしか出来ませんでした。

そして、パパ活が終わって、彼女に会ったとき、一仕事終えたかのような、その日一番明るい印象を受けました。

そのあとは、路上聞き屋に来てもらいました。

僕だけでなく他のお客さんとも話して、気が紛れたことでしょう。

最後は、いつもと変わらぬ感じで帰っていきました。

と、まあレンタル聞き屋で、こんなこともやりました。

彼女がパパ活で苦しんでいるなら、「パパ活自体を辞めるように説得すればいいじゃないか。」という意見もあると思います。

ですが、金持ちならまだしも、本当にお金がなくてパパ活に限らず、援助交際などをする人も多いと思います。

当然、その人達にお金をばら撒くことは出来ません。

そういう人からパパ活という収入源を奪うだけでは、根本的な問題解決にはならないと思います。

僕の行動も同じで問題解決にはならないのですが、市販の風邪薬と一緒で対処療法的な意味では効果があると思うのです。

聞き屋には、これまでに彼女以外のパパ活女子が何人か来てくれた事があります。

パパ活に限った事ではありませんが、何かをする前後には少なからず緊張なり、不安な気持ちもあるのではないかと思います。

それ以外にも、緊急性の高いことや、場所や時間を指定しないと意味がないこともあると思います。是非、上手な使い方を見つけて、聞き屋なり、レンタル聞き屋を活用してもらいたいと思います。

第4章
聞き屋の壁

3回目の壁

聞き屋に来てくれた人の中には常連として、何度も足を運んでくれる人がいます。かたや、一度か二度くらいは来てくれたものの、その後はお会い出来ていない人もいます。

聞き屋の常連になってもらえるか、否か。それは3回目も来てもらえるかどうかが、結構重要になってくると思います。

初めて、聞き屋に来てくれる人の理由は、「たまたま路上で見かけて」「ツイッターで見たことがあったから」「話したいことがあって」「友達に教えてもらって」と、様々です。

初めて来てくれた人が、話して良かった。と思ってもらえたら、満足してもらえたら次も来てくれる可能性があります。

満足してもらえなかった場合は僕と相性が悪かったか、僕の力不足です。

二度目がないのも仕方がないでしょう。

満足してくれたのに、二度目がない人。

それも、一期一会の出会いとして、アリだと思います。

2回目の人・・・1回目が満足してもらえた、満足も不満もないが、何となくまた来た、1回目に話したことの結果報告、こんなところでしょうか。


1回目で満足してもらえて、2回目も満足してもらえたのなら、その後もタイミングが合えば3回目、4回目と来てくれることが期待できます。

満足も不満もないが、何となくまた来た人なら、普通以上の結果を残せれば、また何となく来てくれることもあるでしょう。

前回と違う状況下、1回目と違うメンバー、友達と来た人が一人で来たり、または違う友達を連れてきたり、聞き屋側の顔ぶれ、相席しているお客さんの状況など、環境が変わると出来ていたことが出来なくなることがあります。

対応力を発揮出来れば、その後も来てくれる可能性が高いです。

結果報告やお礼に。と、義務感で来てくれた人も、2回目でしっかり満足してもらえれば、今後とも聞き屋を利用してくれるかもしれません。

2回目までの難関をクリアしたということは、相性も悪くなく、聞き屋に対して、何かしらのいいところを見つけてもらえたということではないでしょうか。

3回目以降も2回目までと同じように満足してもらえれば、理論上は（?）、その後も何回も来てくれるわけです。

逆に言ってしまえば、1回目や2回目でしっかりと満足してもらえなければ、それ以上来ていただくことは難しいかもしれません。

どうでしょう? 聞き屋って、仕事や恋愛みたいじゃないですか?

恋愛なんかも3回目のデートが勝負とか、婚活でも3回目の壁みたいなものがあるらしいです。

いくら無料だからといっても、見ず知らずの相手に、そう何度もチャンスを与えてもらえるわけではありません。

数少ないチャンスを活かせるように、常日頃から準備を怠らず、何度も来ていただけるように、満足して帰ってもらいたいです。

「聞き屋の価値」と「僕が働かない理由」

僕は、現在、執筆ニートです。

本の執筆を始める以前も、大して働いていませんでした。

それは、何故か。

今のところは貯金があるからです。

貯金がなくなれば働くのか？それは、そうかもしれません。

でも、本当のところを言うと、働きたくないです。

そんなことを言ってしまうと、「クズ」とか「価値のない人間」と思われてしまうかもしれません。

ただ、聞き屋という無償の労働はやっています。

労働という言い方が正しいかはわかりません。

趣味でもボランティアでも何でもいいと思います。

ですが、無料だからという理由なのか、僕がちゃんと働いていないからなのかは、分かりませんが、中には、「こんなことやっとる場合じゃないだろ、働け。」と言ってくる人もいます。

お金のルールの中では、金銭的価値を生まないものは無価値であり、それがほぼそのまま世の中の認識になっているように思います。

無料＝金銭的価値がない＝無価値、働かない＝お金もらえない＝無価値、と思っている人が多いように思います。

ですので、無料の聞き屋をやって、働かない僕は相当な価値のないクズ人間ということになるでしょう。


僕がクズかどうかは、ともかく、聞き屋にはそれは凄い価値があると思うのです。

世界で最も有名な未来学者と称された、故・アルビン・トフラーの著書の中には、以下のようにあります。


雇い主は従業員の親にどれほど依存しているかをめったに認識していない。

筆者は企業経営者にこの点を認識してもらうために、品のない質問ではあるが、単純な問い掛けをすることが多い。

「従業員が下のしつけをうけていなかったとしたら、生産性はどうなるだろうか」これを「おまるテスト」と呼んでいる。

企業経営者は普通、これを当然のことだと考えているが、実際には誰かがしつけたのである。まず確実に母親がしつけている。

もちろん、子育ては下のしつけだけではない。

何年もかけて、大量にエネルギーと頭を使って、子供が将来に仕事につけるように教育している。

もっと一般的にいえば、他人と協力して働くために必要な手段を獲得できるようにしている。

なかでも重要なものに言葉がある。言葉で意思疎通ができなかった場合、労働者はどこまで生産的に働けるだろうか。

（引用文献　『富の未来　上巻』　アルビン・トフラー、ハイジ・トフラー共著　講談社）

このように、無償の子育という労働が世の中の下支えをしているといいます。

子育てやボランティアといった労働は、金銭的価値を生まないので無価値とされてきましたが、実はそれなしでは、企業の生産活動が成り立たないほどの大きな価値を、社会に生み出しているそうです。

さすがに、「子育てと聞き屋では全然違うでしょ。」と、思われるかもしれません。

例えばの話です。

僕が、自殺を考えている二十歳の若者の話を聞いたとします。

話を聞いたことで、その人が死ぬのは馬鹿らしいと思い自殺を思いとどまったとしましょう。経済的に、そこで大きな価値が発生するのです。

その人が仮に死んでいたら、その人の死後の経済活動は0です。

ですが、死なずに、八十歳まで生きれば、その人の経済活動六十年分の価値をそのまま生み出したことになるのです。

そんな大きな話じゃなくても、聞き屋で趣味の話をしたとします。

映画の話になり、お薦めの映画を紹介します。

相手が、じゃあ今度その映画をレンタルでもしてみようかな、と思ってレンタルしたならそれでも経済活動としての価値を生み出しているのです。

実際に物を売ったり、買ったりしなくても、話をすることで、それが活力となって、ほんの少しでもその人の生産性が上がったら、営業成績が伸びたら・・・それも価値を発生させたことになるのです。

どうですか？

聞き屋とは無料でも価値のあることを行っているのです。

そして、僕も、経済活動という意味で、大いに世の中に貢献していると思います。

それは、消費活動です。

日本経済で言うならば、とても景気がいいとは思えません。

それは、僕みたいな働けるはずの成人男性が働いていないからでしょうか？

おそらく、そうではありません。

世の中にはモノが溢れ、次々に新商品が出てきては、まだ使えるうちに買い替えられます。家庭や飲食店からも毎日山のように食品廃棄があります。生産活動は十分間に合っているようにも思うし、これからもＡＩやロボットが生産性を高めていくはずです。

現代は、モノが売れない時代と言われています。

消費者がモノを買うから、生産者は生産することができるのです。

逆に言えば、消費活動がなければ生産活動は何の意味もない活動となってしまいます。

僕は働かなくても消費者として大いに世の中に貢献している価値のある人間なのです。

「価値のない人間なんて、この世の中に存在しない。」と、綺麗ごとのようにも聞こえる台詞がありそうですが、実はその通りで人は生きているだけで、何かしら消費します。

僕を含めて価値のない人なんて存在しないのです。

無料＝金銭的価値がない＝無価値、働かない＝お金もらえない＝無価値。

逆に言えば、価値がある＝お金がもらえる、はずなのに価値あるすべてのものにお金がもらえない世の中の仕組みが間違っているようにも思います。

「ベーシックインカム」という、生きるすべての人に無条件で必要最低限のお金を支給する政策があります。

無条件というのは、もちろん働いていなくても、生きているだけでいいのです。

都市伝説界隈でもお馴染のフェイスブック創業者のザッカーバーグ氏、テスラ・モーターズやスペースXなどを創設したイーロン・マスク氏、日本でもホリエモンこと堀江貴文氏、社会実験と称し、多くの人に百万円を配った、前澤友作氏などが賛成派として有名です。

彼らもこの世の中の矛盾に気づいて、僕と同じように価値のない人間なんていないので、その価値に見合ったお金をすべての人に支給すべきと思っているのかもしれません(笑)。

僕は現在、収入は少ないかもしれないですが、やりたいことが出来ているということもあって、幸福度でいったら、会社で毎日8時間以上働いていたときよりも高いです。

価値ある人間として、価値ある行動をして、幸福度も高ければ、それならもう働かなくてもいいんじゃないかな（笑）とも思います。

今後、ＡＩやロボットの発達で職を失う人が大量に増えるのではないか？と予想されています。そうなっても、職を失った人が、価値がないわけでも、失ったわけでも決してないです。

そうなったときには、存分に好きな、やりたいことをやりましょう。

それにはきっと、価値があることで、自分だけではなく、周りの人を幸せにする可能性だってあるし、新たな収入源となるかもしれません。

是非、今からでも自分のやってみたいことを探すことをお勧めします。

ライバルはやっぱり、あの先輩？

先の章にも書きましたが、僕が聞き屋をやっている中で、「プロ奢ラレヤー」さんや「レンタルなんもしない人」さんの活動を真似している、パクっていると勘違いされることがあります。

特に、レンタルなんもしない人さんはテレビでも活動の様子が紹介されたり、チャンネル登録者数八百万人を超える、超人気ユーチューバー、はじめしゃちょーさんの動画に登場したこともあって、結構な知名度なのでしょう。

僕がレンタル聞き屋なんて名前のことを始めたこともあって、余計に勘違いされることが多くなりました。

実際のところ、僕が参考にしているのは横浜の聞き屋Ｋさんだし、枚方バンダムさんが路上で聞く活動を始められてから二十年近くの歴史があります。

それにも関わらず、他の聞き屋の名前を耳にすることもほとんどなく、レンタルなんもしない人さんのような、聞き屋と直接関係のない人と勘違いされるのは、世の中にそれほど聞き屋というものが知れ渡っていない証拠でしょう。嘆かわしい限りです。

最初はうっすらと知る程度であった、レンタルなんもしない人さんですが、何度もその名を耳にするうちに、彼は一体何者なのだろう？どんな活動をしているのだろう？と興味も湧いてきます。

僕は彼のツイッターやインタビュー記事を見てみました。

その名の通り、自分自身をレンタル（貸し出し）して、何もしないみたいです。聞き屋の出張サービスのように、何もせず、話し相手として、簡単な受け答えをする依頼などは、まさに僕が彼の真似をしていると勘違いされる要因の一つでしょう。

それ以外にも色んな依頼があったようで、確かに知り合いには頼みにくいなぁ、と思うような内容のものもあれば、レンタルなんもしない人さんが有名なので、その人気にあやかった宣伝目的の依頼だろうと思うものもありました。

僕も、レンタルなんもしない人さんの人気にあやかりたい、宣伝してもらいたいと思い、ツイッターでレンタルなんもしない人さんにＤＭを送ったことがあります。

しかし、それは依頼目的ではなく、「自分も名古屋で同じようなことをやっている。」「聞き屋として、人の話を聞いてきた実績はある方だと思うが、出張サービスの方は今のところあまり実績がない。」「レンタルなんもしない人さんのようなサービスを利用したい人がたくさんいるとは思うが、名古屋近辺にもそういう人は多いと思うので、僕のことを是非宣伝して欲しい。」というような内容を長文で送りました。

さすがに図々しかったでしょうか、具体的な内容は割愛しますが、良い返事は貰えませんでした。（ご多忙なのに、長文を読んでもらっただけでもありがたいことですが・・・。）

それならば、「路上で聞き屋をやっているが、一人だと荷物や看板を置いてトイレにも行きづらい。何もしなくていいので看板だけもっていて欲しい。」というような依頼を本当に申し込もうかとも思いました。

僕はゆる〜くしか働いておらず、収入も少ないので依頼して費用負担が発生するのは困ると、結局今のところは依頼していませんが・・・。

仮に、本当に依頼をして、冬空の寒い中、何時間も何もせず、ずっと座りっぱなしの依頼を引き受けてくれるかはわかりません。

いくら、何もしない事とはいえ、率先してやりたいと思えるような内容ではないと思います。だって、寒いですもん。

レンタルなんもしない人さんのインタビュー記事には「やりたくなければ断るし、依頼者の相談内容やそのときの気分でも変わってくる。」と書いてありました。

なので、僕の依頼を引き受けてくれるか、否かは定かではありません。

さて、前置きが長くなりましたが、「やりたくなければ断る。」「やる、やらないは気分次第。」

この一見、自由すぎる活動方針。

これこそが、今求められているものではないかと思います。

聞き屋に来る人の中には、「～が嫌で会社を辞めたくて・・・」「本当はこういう事がやりたいんですけど・・・」と、いった具合に嫌なことを我慢して、自分の本当にやりたい事をやれていない人が多いように思います。

どこに行っても嫌なことはあるかもしれないし、ある程度の我慢は必要かもしれません。でも、自分が本当にやりたい事があるのに、嫌々我慢してやってることなんかは辞めればいいと思います。

金銭的な問題やその人の置かれた環境によっては、それが厳しい場合もあるかもしれません。だからといって、やりたい事をやらずに後になって後悔もして欲しくないです。

プロ奢ラレヤーさんも、奢るにあたっての説明に、「ぼくの気分に左右されます。」「(※

リスケする可能性あり、雨天の場合には高確率でリスケします。このへんは、ご愛敬で）。」と、こちらも自由な活動方針です。

著書のタイトル、『嫌なこと、全部やめてもいきられる』からは、嫌なことを我慢してまでやってる場合じゃないという強い教訓が書かれているのではないかと想像できます。（読んでいないのでわかりませんが。）

そういった生き方、考え方が多くの人の共感を呼んで、彼らを有名にしたのかもしれません。

僕が、プロ奢ラレヤーさんやレンタルなんもしない人さんを真似ているように思われるのは活動内容だけでなく、このあたりも関係してくるのではないかと思います。

大して働きもせず、のんびりと路上に座って、誰かが話しに来てくれるのを待っている。その様子は、見る人によっては、やりたい事を誰よりも自由にやっている、現代の憧れに見えたのかもしれません。

僕が活動を始めたばかりの頃は、それなりに働いていて、今のような聞き屋優先のスタイルになったのは広島から名古屋に帰って来てからのことです。

誰が先に始めたかよりも、誰がより先に新しいライフスタイルへと移行したか！に目を向ければ、僕よりも彼らの方が先輩です。

時代が変われば価値観も変わります。

昔の日本では、労働こそが、我慢することが美徳と考えられてきたのかもしれません。しかし、昭和が終わって、平成も終わり、令和という新しい時代を迎えました。ユーチューバーやプロゲーマーというような今までになかった新しい職業が、若者達の憧れ、なりたい職業の上位にランクインされる時代です。

今までの常識や価値観に捉われない生き方が、この先ももっと出てくることでしょう。そういった意味で、聞き屋に話をしに来てくれた人達には失敗を恐れず、やりたいこと、新しいことにもチャレンジして欲しいと思います。

これから新しい何かに挑戦する人や、すでに新しい時代の新しい生き方をされている先輩達に負けないように、僕もより良い生き方の追求をしていけたらと思います。

メディア出演！？

聞き屋として活動されている人の中には新聞に取材されたり、テレビニュースに登場したり、バラエティ番組なんかにも出演されたことがある人もいるみたいです。

僕も、出演したわけではありませんが、「路上にこんな人がいた。」という程度に、ラジオ番組で何回か紹介されたことがあります。

そして、あるときテレビ出演のチャンスがやってきました。

二〇十八年七月中旬から二〇十九年の五月下旬くらいまで一身上の都合により、広島県のとある町に住んでいて、聞き屋をやっていた名古屋から離れていました。

広島では聞き屋をやっていなかったので、聞き屋を休業して三カ月くらい経った、二〇十八年の十月のことです。

名古屋にある某テレビ局の某ローカル番組のスタッフからツイッターのＤＭが送られてきました。

僕の活動を知って、一度話を聞かせて欲しい。といった感じの内容でした。

こんな活動してない時期に言われても～もうちょっと、あと三カ月早ければ名古屋に居たのに、と思いながら連絡を取って、聞き屋のことや僕自身のことについてお話させていただきました。

「出演が決まったわけではないが、よければ面談に来てください。」

とのことでした。

その番組のことはよく知らなかったですが、僕はテレビに出たくなりました。

後日、十二月の面談が開催される日に合わせて、年末名古屋に帰る日にちを調整して、休みを取得したりしました。

ところが、面談の日の1～2週間くらい前に、その日の面談が向こうの都合でなくなってしまったのです。

結局、その年の最後の名古屋は大した予定もないまま、2日間ほど夜に5カ月ぶりの聞き屋を開催するのでした。

その後は、面談の開催される日と僕の予定が合わないまま時は流れて、二〇十九年五月、再び面談を受けるチャンスがやってきます。

僕は広島の借家を引き払って、完全に名古屋に戻ってきていました。

なんと、この頃には名古屋近辺のローカル番組だった番組が、放送地域拡大によりほぼ全国に放送される番組となっていたのです。

僕は前回、面談がキャンセルになったのもこの時の為、聞き屋という活動がローカルではなく全国に知れ渡るべき活動だからこそ、今に持ち越しになったんだ！天が僕に味方している。絶対、面談に受かってテレビに出れる！と、思いながら自信満々で面談に臨みました。

面談はカメラが回っている中、僕一人に対して5人以上のスタッフの人達が並んでいて、圧迫ではないのに、圧迫面接をされているような気がして、とても緊張しました。

そんな緊張感もあってか、ただでさえ話すことが得意ではない自分は余計に上手く話せなかったことと、聞き屋という活動を背負っている手前、真面目な印象を残さなければいけない。

とバラエティ番組なのに、番組の内容にそぐわない考えを持っていたので、面白いことを何一つ言わないクソつまらない面談者と思われたことでしょう。

そして、結果は見事に不合格。

僕の自信や期待感、面談のキャンセルもあって待ちに待つことになったあの時間は何だったんだ！？と嘆きたくもなります。

その番組は、某お笑い芸人さん（コンビ）が素人を呼んでトークをするという番組なのですが、もし今後、違う機会で出演することがあれば、普段聞き屋をやっている僕の愚痴として、逆にそのお笑い芸人さん達にこの話を聞いて欲しいです。

その番組以外でもテレビ、新聞、雑誌等各種メディアの出演依頼、取材依頼をお待ちしております。

恐怖のファッションチェック！？

僕がやっている聞き屋には老若男女来てくださるのですが、その中でも特に若い人がよく来てくれています。若い人で、特にファッションが好きな人だと、僕の服装のことについても話していってくれます。

冬になると寒いので、路上で何時間も座りっぱなしでいる身としては、寒さ対策を最優先にして服を選んでいます。

その中でも僕が持っている最強装備が黒いダウンジャケットです。そんな最強防寒装備を着ている僕を見て、とある女性が、「全身、真っ黒で怖い。」と、言って僕の服装に酷評をくだされました。

全身といってもズボンは青いジーパンなので、上だけだし、これが持っている中で一番暖かいし、これよりも優れた防寒着を買うとなったら高いだろうなぁ・・・とか、もうちょっと違う時期なら他の色の服もあるんだけどなぁと思っていると、「暗い色だと人が来にくいと思う。」「もっと明るい色の服を着た方がいい。」といった感じでファッションチェックは進んでいき、最終的には「カチューシャをつけた方がいい。可愛い耳がついてるものがいい。」「ユーチューバーの○○さんみたいな雰囲気を目指した方がいい。」と、いった具合に、とても具体的でありがたい助言をくださいました。（未だにどれ一つ実行できていませんが。）

また、違う高校生の方は、いつも路上で座っている僕のことをよく見かけてくれていたみたいで、初めて聞き屋に来てくれた時に「いつも同じ髪型ですね。」と、素直な意見をぶつけてくれました。

他にも、たまたま同じ服だったのか、同じ系統の服が多いからなのかわかりませんが、「いつも、ここで野宿しているんですか?」とも聞かれました。(野宿しているのか?と聞かれたときには、僕や聞き屋に来ていた他の人は爆笑していました。)

最近の若い人はオシャレですね。

服の系統や色を考えたり、髪型を色々アレンジしたりと。

でも、ひょっとしたら若い人がオシャレなんじゃなくて、正直者が多いというだけで、僕がオシャレすることに疎すぎるだけなのかもしれませんが・・・。

とにかく、路上は常に人から見られているわけです。

もし、路上で聞き屋をやってみようかな、と考えている人がいれば聞き屋をするときには服装まで気を遣った方が絶対にいいです。

インパクトは集客にも繋がるし、服装も含めた雰囲気というのが、その人が話しやすそうかどうか、話してみたいと思えるかどうかというものの判断基準にもなるからです。

僕は直接お会いしたことはありませんが、幸せのイメージということで上から下まで黄色で統一されている路上活動の聞き屋さんも実在します。

ターゲットとなる客層を絞って、真面目そうに見える高級スーツで全身を飾ってみたり、猫の耳がついたカチューシャを付けて可愛い感じを出していくのもよいでしょう。センスの見せどころです。外観を通して魅力が伝われば、きっとたくさんの人が、あなたの元に話しにくるはずです。

警察VS聞き屋

先の章にも書いた通り、僕は路上で聞き屋をするにあたり、道路の使用許可を警察に取っていません。

本来なら、許可申請をして、警察が活動内容や交通量、道幅などから交通の妨害となる恐れがないかなどを総合的に判断して、許可を出すなりすべきなのですが、問い合わせをしても、申請すらさせてもらえませんでした。

僕を含めた許可を出してもらえない路上活動者は、常に警察から止められるリスクを負っています。

といっても、ビラ配りやティッシュ配りが警察から止められているのを見たことがありません。

路上活動者に対しては、おおよそ通報や苦情があった場合に警察が動くと言われています。

僕が聞き屋をやっている聞き屋ストリートでも、それがほぼ当てはまると思います。それなりの音量を発生させるミュージシャンの路上ライブは、騒音として、通報や苦情に繋がりやすいのでしょう。

路上ライブが止められるのをよく目にします。

幸いにも、路上ライブを止めた警官が、聞き屋の方に向かってきても、ほとんどの場合、聞き屋の前を素通りして行きます。

しかし、稀に聞き屋も他の路上活動者と一緒に止められることがあります。

この辺が通報の内容によるものなのか、警官の個別の判断なのかがよくわかりません。

通報の内容が音に対してではなく、場所に対してのものなら、一帯の活動者が全体的に止められるのもわかります。通報があったのなら警官も仕事として止めるのは理解できます。

もし、個別の判断なら、結局は従わざるをえないけれども、僕としてはその警官の判断を非常に残念に思います。

こういったことが起こってしまうので、聞き屋並びに路上活動というものが世間一般に広く認められて、理解や協力を得られたら。と、思うわけです。

それはさておき、聞き屋をやっているときに、一度だけ酷い警官に当たったことがあります。

僕が見た限りでは、周囲に路上ライブをしている人も見当たらず、通報が入りそうな要素がなかったにも関わらず、２人の警官が自転車に乗って、僕のところにやって来たのでした。

警官が発した最初の言葉が、「分かっとる?」という言葉でした。

主語も、何もなく、何について聞かれているのか、全く分かりませんでした。

聞き返しましたが、再び、「分かっとるのか?」という発言でした。

前に居た警官が話して、後ろに居た警官は無言です。あまりにも意味がわからなかったので、僕は「え?は?何?何?」と、うろたえました。

「あなたが警察ってことは分かりますけど。」「何について聞きたいんですか?」と、言ったら「ここで、何をやっとるのか分かっとるんか？」ということでした。

文字ではわかりにくいですが、高圧的な警官です。

やり取りの中で、「通報があったんですか？」と尋ねたら、少し間を空けて、「ない。」とのことでした。

間があったのが嘘くさいです。

通報があったのなら、それは仕方ないと思うのですが、今までに数々の警官が、聞き屋の前を素通りしていきました。

G20（外務大臣会合）が名古屋で開催されたとき、多数の警官が動員され、パトロールを行っていましたが、そのときでさえ何も言われませんでした。

それなのに、この警官は自らの判断で、聞き屋の活動が交通の妨げとなると判断されたのでしょうか。

だとしたら、この警官の判断基準は果たして、適切なのでしょうか。

きわめつけは、帰り際に、「次やったら、どうなるか分かっとるな？」と言って、帰って行きました。

僕はこれを脅しのようにも受け取れました。

僕にも非があることかもしれませんが、高圧的な態度が許せませんでした。

最初の質問の仕方から、帰り際のセリフまで、警察官としての資質を疑いました。

僕は、帰りの足で交番に向かいました。

そして、あったことを話しました。

「許可を取れないのか？」

「いつもは何も言われないのに、なぜ今日は止められたのか？」

「通報があったのかを聞いて、ない。と答えたのは嘘ではないのか？」

「もし、嘘なら、警官が嘘の答弁をするのはどうなのか？」

「本当だったとしても、警官の判断は適切だったのか？」

「適切だとするならば、今まで何も言わなかった警官はすべて見て見ぬふりで、仕事をサボっていたことになるが？」

「帰り際の台詞は脅迫にあたるのではないか？」「高圧的過ぎるのではないか？」など、思ったことを交番勤務の警官にいろいろと質問しました。

交番勤務の警官に話したって、許可を出せるわけでもないし、当たり障りのない、事務的な回答しかできないわけですが、市民の一意見として、しっかりと聞いてくれました。僕が思ったことを口に出せたからなのか、対応が良かったからなのか、あるいはその両方か。交番を出たときには僕の気持ちはかなりスッキリしていました。

問題は何も解決していないし、何なら時間が経った今でも、思い出したら腹が立つ警官でしたが、怒りのボルテージがＭＡＸに近い状態から、急激に心に落ち着きを取り戻したので、余計そう感じたのだと思います。聞き屋ってこういうことなんだなぁと思いました。

もし、思ったことを誰にも言わないままだったら。もし、交番に行って、また同じような警官に対応されていたら、どうなっていたことでしょうか。

おそらく、気持ちが落ち着くまでには、相当な時間を要したことでしょう。

話すことでのストレス軽減の効果や聞く側の対応の大切さ。そういったものを、身をもって体験したのです。

それを考えると、あの高圧的な警官に感謝を・・・という気持ちは起こりませんが、聞き屋としての教訓が得られた、意味のある出来事だったと思います。

第5章
聞き屋の深〜い話

「話す」と「離す」

僕は占いのお店で働いていたこともあり、色んな開運法を学んで、実践してきました。(僕が聞き屋を始めて、3年も経たないうちに本を出版することができたのも、その開運効果のおかげかもしれません。)

そして、僕の学んだことの中に、「言霊(ことだま)」というものがあります。

言葉には力が宿っていて、人が言葉に出して言ったことは顕現すると昔から信じられてきました。要するに、言葉とはエネルギーです。

良いプラスのエネルギーもあれば、悪いマイナスのエネルギーもあるわけです。

「話す」と「離す」は発音が同じように、話したことは、自分から離れていくという意味があります。

その悪いマイナスエネルギーを話して、離してしまうことができるのです。

嫌な事、悩み、愚痴、不平、不満・・・は話して、離した方がいいのです。

よく、「話した方が楽になる。」とか「吐き出してスッキリした方がいい。」というような言い方をすることがあります。

それは昔の気やエネルギーに敏感だった人が、話した事によって自分自身からマイナスエネルギーが離れていって楽になった。ということから言われ出したことなのかもしれません。

ちなみに、良いことも話すと、プラスのエネルギーが離れて、運に見放されてしまうのでは？と、思う人もいることでしょう。人の発した言葉は現実化するということも信じられていて、それを「言い当たる」と、言います。

「言い当たる」と「言い離れる」この２つの使い分けは難しいものがあります。良い事を言う場合は、すでに起こっている良い事、起こりかけている事などについてはプラスのエネルギーが離れていくからではなく、人に羨ましいという気持ちや、嫉妬心といった念が相手から送られて上手くいかなくなることがあるみたいです。

逆に、全く起きてないことについては誰かに羨ましいと思われたり、嫉妬なんかもされないので、そういった場合には言い当たる効果があるようです。

「海賊王に俺はなる！」なんて言っていれば、その言葉が現実化して、本当に海賊王になる日がやって来るかもしれません。信じるか信じないかは、あなた次第です。

もっと詳しく知りたい人は、言霊について書かれている本などを読まれるといいでしょう。たまにならいいですが、友達に会う度に、嫌な事、マイナスの事、自慢話ばかり話していては、友達もウンザリしてしまうことでしょう。

しかし、中には心から応援してくれる人や助けてくれる人だっています。「言霊」や「言い当たる」、「言い離れる」の話にはそんな教訓も含まれているのかもしれません。

話す相手、話す内容を見極める。そして、ときには聞き屋に話すという選択肢も入れて、上手に活用していきたいものです。

話？それとも話し？

「あなたの話し、無料で聞きます」

僕が聞き屋を始めるにあたって、初めて作った自作の看板の文字の中には大きな（？）間違いが隠されているのでした。もうお気づきの方もおられるかと思いますが、「あなたの話し」、この場合、「話」という字に送り仮名の「し」は必要ないのです。

「あなたの話、無料で聞きます」

これが正解です。僕はこの間違いをお客さんに指摘されるまで全く気が付きませんでした。「話」と「話し」どっちも同じ読みなので使い分けが難しいですね。

この「し」という送り仮名を使うか、否か。それは、「名詞として使う」か、「動詞として使う」かの違いによって使い分けをします。

動詞として使う場合は、「話し」、　名詞として使う場合は、「話」と表記します。

もし、「あなたが話したいことを、聞きます」と書くのなら、

話す（動詞）＋やりたいこと　ということで、動詞として使っているので送り仮名、「し」を使うことは適切です。

「あなたの話、聞きます」という場合は、あなたの（修飾語）＋話（名詞）　となって名詞なので、「し」の送り仮名は不要です。

日本語ってややこしいですね。新しい看板を作ったときには、間違いを正して「あなたの話、無料で聞きます」と、「し」を抜いて、直してありますが、この本の執筆においては、それはもう山ほど、この送り仮名についての間違いがあることでしょう。

優秀な校正さんがその間違いを一つずつ直していってくれているとは思いますが、ひょっとしたら訂正されないままの間違いが残っているかもしれません。

あまり気にせず読んでいただけると幸いです。

「聞く」と「聴く」

僕は聞き屋というものを初めて知ったのが「聞」という字の聞き屋だったので、そのまま聞き屋として活動していますが、「聴」という字を使った聞き屋こと、聴き屋として活動されている方もいます。

この「聞」と「聴」にはどんな違いがあるのでしょうか?ひょっとしたら僕がやっている聞き屋は「聞」という字を使っているせいでとんでもない過ちを犯しているのではないか?と思ったりすることがあります。

もし、今後聞き屋をやってみたい!という人の為に、「聞」と「聴」 2つの字の違いについて見ていきたいと思います。

「聞」と「聴」の漢字の意味の違いについて、国語辞書は次のように記しています。

(1)『日本国語大辞典』(小学館)・・・【聞】(ブン・モン)音を耳で感じ取る。自然に耳に入ってくる。聞いて知る。【聴】(チョウ)聞こうとして聞く。注意してよく聞く。「聴聞」「傾聴」

（2）『広辞苑』（岩波書店）・・・広く一般には「聞」を使い、注意深く耳を傾ける場合に「聴」を使う。
（3）『類語国語辞典』（角川書店）・・・「聞く」は、音や声を耳に感じ認める意、「聴く」は、聞こえるものの内容を理解しようと思って進んできく意である。
このような意味の違いをもとに、日本新聞協会の『新聞用語集』は表記の使い分けを以下のように示しています。
（1）聞〔一般用語〕うわさを聞く、聞き捨て、聞き流す、聞く耳持たぬ、話し声を聞く、物音を聞く
（2）＝聴〔特殊用語。身を入れてきく〕聴く（音楽・講義・国民の声などを―）
〔注　「聞」「聴」は、きく態度によって使い分ける。どちらでもよいときにはなるべく「聞」を使う〕
引用ここまで
（引用サイト　『ＮＨＫ放送文化研究所』）

なるほど、「聴」という字の方が少し積極的に聞くというイメージでしょうか。ただ、「聞」という字でも、聞き屋的な意味としては合っているので、どっちの字を使っても間違いではないでしょう。どっちの字を使うかは、あなた次第！といったところです。

ちなみに「訊」という字もありますが、こちらは「道を訊く」というように尋ねたり、問うことを意味するみたいで、人の話を訊くという使い方はしないみたいです。

絶対にもっと需要ある！と思った話

とある年配の方が、初めて聞き屋に来てくださったときの話です。こんなことをおっしゃっていました。

「今まで何回かこの道を通って聞き屋さんが居たのは知っていたけど、いつも誰かが話していて行かなかった。今日は初めて誰もいなかったから来ることが出来てラッキーだった。」「たまに、名古屋市がやっている無料の電話相談に電話をかけてみても2～3時間かけて、繋がるかどうかわからん。需要があることだと思うし、いいことをやっていると思う。」

僕が初めて、無料の電話相談というものを意識した話でした。

しばらくして、こんなネットニュースの記事が僕の目に飛び込んできました。

悩みを聞いてほしくても、なかなか電話がつながらない。自殺防止などに取り組む各地の電話相談で、こうした状況が常態化している。相談員がこの１０年で約1千人減り、対応できる件数が減っているためだという。

（中略）

悩みや孤独感を抱える人の話を聴く「いのちの電話」は、自殺防止のために一九五三年に英国で始まり、日本ではドイツ人宣教師が中心となって７１年に東京で初めて設立された。その後、各地に活動が広がり、いまでは社会福祉法人やＮＰＯ法人が全国で５０のセンターをそれぞれ運営している。しかし時間帯にもよるが、横浜で電話がつながるのは１０回に1回程度、名古屋でつながるのは２０回に1回ほどという。福岡でも最近、「１０回電話してもつながらない」といった苦情が増えているという。

引用ここまで

『朝日新聞デジタル』https://www.asahi.com/articles/ASMD35DZ9MD3UTIL02M.html)

この記事を読んで、聞き屋に来られた年配の方が言っていた内容のことが、そのまま書いてあり、かなり深刻な事態なんだなぁ。と思いました。

世の中には、誰かに話を聞いて欲しいという人が、まだまだたくさん居るということ。そして、聞く側の人間が不足しているということ。

路上で活動する聞き屋というのは、電話相談みたいに家からでも、スマートフォンで外出先からでも、という具合に手軽に利用できるものではないかもしれません。

それでも、聞き屋というものを路上でたまたま見かけてもいいし、この本を通じて直接、または人伝えでも、知っていただいて、話をしていただけたなら。そして、路上活動という形態に限らず、聞き屋をやってみたいと思ってくれた人がいて、それを実行に移し、誰かの話を聞いたとき、この問題解消の第一歩に繋がるかもしれません。

あとがき

僕は本書を聞き屋のことを知らない人向けに書きましたが、それはこれから聞き屋を利用する人・聞き屋をやる人、両方の立場の人を含めます。

本書を通じて、僕、もしくは僕以外を問わず、聞き屋というものを知っていただけて、利用してみようと思っていただけたなら。今すぐ利用しようとは思えなくても、もし、何かあったときに思い出してもらえたら。いつの日か聞き屋をやってみたい！と思ってもらえればありがたいです。


聞き屋の存在だけでなく、人に話すこと、人の話を聞くことの面白さや素晴らしさが伝われればと思います。

是非、明日から、いや今日から、「話せば楽になる。」ということを意識して生活してみてください。

あなたの生活が今よりももっと明るい、元気で、楽しいものになるかもしれません。

【著者紹介】

ディーン・カワウソ（水野怜恩）

名古屋の路上を中心に活動する聞き屋。
2020年4月現在、300回以上の聞き屋活動を通じて、1600組以上の人の話を聞く。

どんな話も聞くというスタイルで、若者からお年寄りまで、
恋愛、仕事、学校、家庭、人間関係などの人生相談から、映画、漫画、アニメ、ゲーム、アイドル、都市伝説など趣味の話や自慢話、暇つぶし・時間つぶしの世間話や雑談など、あらゆるジャンルの話を聞く。
また、ラジオ番組内で紹介されたり、2020年3月時点では未掲載ながら某新聞社の記者から取材を受けるなど、今後のメディア出演も期待される。
路上活動においては聞き屋だけでなく、音楽団体との路上ライブやフリーハグ団体とのコラボ、某有名ユーチューバーの動画に出演するなど、幅広く活動している。

ツイッター　　　@kky_nagoya
インスタグラム @kky_nagoya

名古屋で見かける聞き屋の謎

2020年 4月28日　第1刷発行

著 者　ディーン・カワウソ（水野怜恩）
発 行　マーキュリー出版
〒460-0012　名古屋市中区千代田3-22-17　一光ハイツ記念橋105号室
TEL　052-715-8520　FAX　052-308-3250
https://mercurybooks.jp/
印 刷　モリモト印刷

落丁・乱丁本はお取り替えいたします

ISDN978-4-9910864-2-7